AF582393

ESSAI

SUR

LE PRINCIPE GÉNÉRATEUR

DES

CONSTITUTIONS POLITIQUES

ET

DES AUTRES INSTITUTIONS HUMAINES.

Enfans des hommes ! Jusques à quand Porterez-vous des cœurs assoupis ? Quand cesserez-vous de courir après le mensonge et de vous passionner pour le Néant
Ps. IV. 3.

S^T.-PÉTERSBOURG,
DE L'IMPRIMERIE DE PLUCHART ET COMP.
1814.

PERMIS D'IMPRIMER.

A la charge de fournir au Comité de Censure, après l'impression, un exemplaire de cet ouvrage pour ledit Comité, un exemplaire pour le Département du Ministre de l'instruction publique, deux exemplaires pour la Bibliothèque Impériale publique, et un exemplaire pour l'Académie Impériale des Sciences.

St.-Pétersbourg, 21 *Avril* 1814.

TIMKOWSKOY, *Censeur.*

PRÉFACE.

La Politique, qui est peut-être la plus épineuse des sciences à raison de la difficulté toujours renaissante de discerner ce qu'il y a de stable ou de mobile dans ses élémens, présente un phénomène bien étrange et bien propre à faire trembler tout homme sage appelé à l'administration des Etats : c'est que tout ce que le bon sens aperçoit d'abord dans cette science comme une vérité évidente, se trouve presque toujours, lorsque l'expérience a parlé, non-seulement faux mais funeste.

A commencer par les bases; si jamais on n'avoit ouï parler de gouvernemens et que les hommes fussent appelés à délibérer, par exemple, sur la monarchie héréditaire ou élective, on regarderoit justement comme un insensé celui qui se détermineroit pour la première. Les argumens contre elle se présentent si naturellement à la raison qu'il est inutile de les rappeler.

L'histoire cependant, qui est la politique expérimentale, démontre que la monarchie héréditaire est le gouvernement le plus stable, le plus heureux, le plus naturel à l'homme; et la monarchie élective, au contraire, la pire espèce des gouvernemens connus.

En fait de population, de commerce, de lois prohibitives, et de mille autres sujets importans, on trouve presque toujours la théorie la plus plausible, contredite et annullée par l'expérience. Citons quelques exemples.

Comment faut-il s'y prendre pour rendre un Etat puissant? « *Il faut avant tout favoriser la population par tous les moyens possibles.* » — *Au contraire: toute loi tendant directement à favoriser la population, sans égard à d'autres considérations, est mauvaise. Il faut même tâcher d'établir dans l'Etat une certaine force morale qui tende à diminuer le nombre des mariages, et à les rendre moins hâtifs. L'avantage des naissances sur les morts établi par les tables ne prouve ordinairement que le nombre des misérables, etc. etc. Les économistes français avoient ébauché la démonstration de ces vérités : le beau travail de M.* Malthus *est venu l'achever.*

Comment faut-il prévenir les disettes et les famines? — « *Rien de plus simple.* » *Il faut défendre l'exportation des* » *grains.* » — *Au contraire : il faut accorder une prime, à ceux qui les exportent. L'exemple et l'autorité de l'Angleterre nous ont forcés d'*engloutir *ce paradoxe.*

Comment faut-il soutenir le change en

faveur d'un pays? — « *Il faut sans doute* » *empêcher le numéraire de sortir; et,* » *par conséquent, veiller par de fortes* » *lois prohibitives à ce que l'Etat n'a-* » *chète pas plus qu'il ne vend.* » — *Au contraire: jamais on n'a employé ces moyens sans faire baisser le change, ou, ce qui revient au même, sans augmenter la dette de la nation; et jamais on ne prendra une route opposée sans le faire hausser; c'est-à-dire, sans prouver aux yeux que la créance de la Nation sur ses voisins s'est accrue, etc. etc.*

Mais c'est dans ce que la Politique a de plus substantiel et de plus fondamental; je veux dire dans la Constitution même des Empires que l'observation dont il s'agit revient le plus souvent. J'entends dire que les Philosophes allemands ont inventé le mot de Métapolitique *pour être à celui de* Politique *ce que le mot* Métaphysique *est à celui de* Physique. *Il semble que cette nouvelle expression est fort bien inventée pour exprimer la* Métaphysique de la Politique; *car il y en a une, et cette science mérite toute l'attention des observateurs.*

Un Ecrivain anonyme qui s'occupoit beaucoup de ces sortes de spéculations, et qui cherchoit à sonder les fondemens cachés de l'édifice social, se croyoit en droit, il y a près de vingt ans, d'avancer comme autant d'axiomes incontes-

tables, les propositions suivantes diamétralement opposées aux théories du temps.

1°. *Aucune Constitution ne résulte d'une délibération : Les droits des peuples ne sont jamais écrits; ou ils ne le sont que comme de simples déclarations de droits antérieurs non-écrits.*

2°. *L'action humaine est circonscrite dans ces sortes de cas, au point que les hommes qui agissent ne sont que des circonstances.*

3°. *Les droits des peuples, proprement dits, partent presque toujours de la concession des Souverains, et alors il peut en conster historiquement ; mais les droits du Souverain et de l'aristocratie n'ont ni date ni auteurs connus.*

4°. *Ces concessions même ont toujours été précédées par un état de choses qui les a nécessitées et qui ne dépendoit pas du Souverain.*

5°. *Quoique les lois écrites ne soient jamais que des déclarations de droits antérieurs, il s'en faut de beaucoup cependant que tous ces droits puissent être écrits.*

6°. *Plus on écrit et plus l'institution est foible.*

7°. *Nulle Nation ne peut se donner*

la liberté si elle ne l'a pas ; (*) l'influence humaine ne s'étendant pas au-delà du développement des droits existans.

8°. *Les Législateurs proprement dits sont des hommes extraordinaires qui n'appartiennent peut-être qu'au monde antique et à la jeunesse des Nations.*

9°. *Ces Législateurs même avec leur puissance merveilleuse n'ont jamais fait que rassembler des élémens préexistans, et toujours ils ont agi au nom de la Divinité.*

10°. *La liberté, dans un sens, est un don des Rois ; car presque toutes les Nations libres furent constituées par des Rois.* (**)

11°. *Jamais il n'exista de Nation libre qui n'eut dans sa Constitution naturelle des germes de liberté aussi anciens qu'elle ; et jamais Nation ne tenta efficacement de développer par ses lois fondamentales écrites d'autres droits que ceux qui existoient dans sa Constitution naturelle.*

(*) *Machiavel est appelé ici en témoignage.* Un Popolo uso a vivere sotto un prencipe, se per qualche accidente diventa libero, con difficoltà mantiene la libertà. (Disc. *sur Tite-Live.* V. 16.)

(**) *Ceci doit être pris en grande considération dans les monarchies modernes. Comme toutes légitimes et saintes franchises*

12°. *Une assemblée quelconque d'hommes ne peut constituer une Nation. Une entreprise de ce genre doit même obtenir une place parmi les actes de folie les plus mémorables.* (*)

Il ne paroît pas que, depuis l'année 1796, *date de la première édition du livre que nous citons* (**) *il se soit passé dans le monde rien qui ai pû amener l'auteur à se repentir de sa théorie. Nous croyons au contraire que, dans ce moment, il peut être utile de la développer pleinement et de la suivre dans toutes ses conséquences, dont l'une des*

---

de ce genre doivent partir du Souverain, tout ce qui lui est arraché par la force est frappé d'anathème. Ecrire une loi, *disoit très-bien Démosthènes*, ce n'est rien : c'est *LE FAIRE-VOULOIR* qui est tout (*Olynth. III.*) *Mais si cela est vrai du Souverain à l'égard du peuple, que dirons-nous d'une* Nation; *c'est-à-dire, pour employer les termes les plus doux, d'une poignée de théoristes échauffés qui proposeroient une Constitution à un Souverain légitime comme on propose une capitulation à un général assiégé ? Tout cela seroit indécent, absurde, et surtout nul.*

(*) *Machiavel est encore cité ici.* E necessario che uno sia quello che dia il modo e della cui mente dipenda qualunque simile ordinazione. (*Ibid. L.* 9.)

(**) Considérations sur la France. in-8°. Ch. IV.

plus importantes sans doute est celle qui se trouve énoncée en ces termes au chapitre X du même ouvrage.

« *L'homme ne peut faire de Souverain. Tout au plus il peut servir d'instrument pour déposséder un Souverain et livrer ses Etats à un autre Souverain déjà Prince....* du reste il n'a jamais existé de famille souveraine dont on puisse assigner l'origine plébéienne. Si ce phénomène paroissoit ce seroit une époque du monde. » (*)

On peut réfléchir sur cette thèse que la censure divine *vient d'approuver d'une manière assez solennelle. Mais qui sait si l'ignorante légèreté de notre âge ne dira pas sérieusement ;* s'il l'avoit voulu il seroit encore à sa place ? *Comme elle répète encore après deux siècles :* Si Richard Cromwel avoit eu le génie de son père, il auroit fixé le Protectorat dans sa famille ; *ce qui revient précisément à dire :* Si cette famille n'avoit pas cessé de régner, elle régneroit encore.

Il est écrit : C'EST MOI QUI FAIS LES SOUVERAINS. (**) *Ceci n'est point une phrase d'Eglise*,

---

(*) Considérations sur la France. in - 8°. Ch. X. § 3.

(**) Per me Reges regnant. *Prov. VIII.* 15.

une métaphore de prédicateur : C'est la vérité littérale, simple et palpable. C'est une loi du monde politique. Dieu fait *les Rois, au pied de la lettre. Il prépare les races royales; il les murit au milieu d'un nuage qui cache leur origine. Elles paroissent ensuite* couronnées de gloire et d'honneur; *elles se placent; et voici le plus grand signe de leur légitimité.*

C'est qu'elles s'avancent comme d'elles-mêmes, sans violence d'une part et sans délibération marquée de l'autre : c'est une espèce de tranquillité magnifique qu'il n'est pas aisé d'exprimer. Usurpation légitime *me sembleroit l'expression propre (si elle n'étoit point trop hardie) pour caractériser ces sortes d'origines que le temps se hâte de consacrer.*

Qu'on ne se laisse donc point éblouir par les plus belles apparences humaines. Qui jamais en rassembla davantage que le personnage extraordinaire dont la chûte retentit encore dans toute l'Europe ? Vit-on jamais de souveraineté en apparence si affermie ; une plus grande réunion de moyens; un homme plus puissant, plus actif, plus redoutable ? Long-temps nous le vîmes fouler aux pieds vingt nations muettes et glacées d'effroi ; et son pouvoir enfin avoit jeté cer-

taines racines qui pouvoient désespérer l'espérance. — *Cependant il est tombé, et si bas que la Pitié qui le contemple recule, de peur d'en être* touchée. *On peut au reste observer ici en passant, que par une raison* un peu *différente, il est devenu également difficile de parler de cet homme, et de l'auguste Rival qui en a débarrassé le monde. L'un échappe à l'insulte et l'autre à la louange. — Mais revenons.*

Dans un ouvrage connu seulement d'un petit nombre de personnes à St.-Pétersbourg, l'auteur écrivoit en l'année 1810 :

« Lorsque deux partis se heurtent dans une révolution, si l'on voit tomber d'un côté des victimes précieuses, on peut gager que ce parti finira par l'emporter, malgré toutes les apparences contraires. »

C'est encore là une assertion dont la vérité vient d'être justifiée de la manière la plus éclatante et la moins prévue. L'ordre moral a ses lois comme le physique, et la recherche de ces lois est tout-à-fait digne d'occuper les méditations d'un véritable philosophe. Après un siècle entier de futilités criminelles, il est temps de nous rappeler ce que nous sommes et de faire remonter toute science à sa source. C'est ce qui a déterminé l'auteur de cet opuscule à lui permettre de s'évader du porte-feuille timide qui le retenoit depuis cinq ans. On en laisse subsister la date, et on le donne mot à mot tel qu'il fut écrit à cette époque. L'amitié a provoqué cette publication, et c'est peut-être tant pis pour l'auteur; car la bonne dame est, dans certaines occasions, tout aussi aveugle que son frère. Quoiqu'il en soit, l'esprit qui a dicté l'ouvrage jouit d'un privilége connu : Il peut sans doute se tromper quelquefois, sur des points indifférens : Il peut exagérer ou parler trop haut : Il peut enfin offenser la langue ou le goût, et dans ce cas, tant mieux pour les malins, si par hasard il s'en trouve; *mais toujours il lui restera l'espoir le mieux fondé de ne choquer personne, puisqu'il aime tout le monde; et de plus, la certitude parfaite d'intéresser une classe d'hommes assez nombreuse et très-estimable, sans pouvoir jamais nuire à un seul : Cette* foi *est tout-à-fait tranquillisante.*

ESSAI

Sur le principe générateur des Constitutions Politiques et des autres Institutions humaines.

I. Une des grandes erreurs d'un siècle, qui les professa toutes, fut de croire qu'une constitution politique pouvoit être écrite et créée *à priori*, tandis que la raison et l'expérience se réunissent pour établir qu'une constitution est une œuvre divine, et que ce qu'il y a précisément de plus fondamental et de plus essentiellement constitutionnel dans les lois d'une nation, ne sauroit être écrit.

II. On a cru souvent faire une excellente plaisanterie aux Français en leur demandant *dans quel livre étoit écrite la Loi Salique ?* mais *Jérôme Bignon* répondoit fort-à-propos, et très-probablement sans savoir à quel point il avoit raison, *qu'elle étoit écrite* ÈS *cœurs des Français.* En effet, supposons qu'une loi de cette importance n'existe que parce qu'elle est écrite; il est certain que l'autorité quelconque qui l'aura écrite, aura le droit de l'effacer; la loi n'aura donc pas ce caractère de sainteté et d'immuabilité qui distingue les lois véritablement constitutionnelles. L'essence d'une loi fondamentale est que personne n'ait le droit de l'abolir : Or comment sera-t-elle au-dessus de *tous*, si *quelqu'un* l'a faite ? L'accord du peuple est impossible; et quand il en seroit autrement, un accord n'est point une Loi et n'oblige personne à moins qu'il n'y ait une autorité supérieure qui le garantisse. *Locke* a cherché le caractère de la Loi dans l'expression des volontés réunies; il faut être heureux pour rencontrer ainsi le caractère qui exclut précisément l'idée de *Loi* : En effet, les volontés réunies forment le *Règlement* et non la *Loi;* laquelle suppose nécessairement et manifestement une volonté supérieure qui se fait obéir (*) « dans le système de Hobbes » (le même qui a fait tant de fortune dans notre siècle sous la plume de Locke.). « La force des lois civiles ne porte que sur » une convention ; mais s'il n'y a point de » loi naturelle qui ordonne d'exécuter les » lois qu'on a faites, de quoi servent-elles? » Les promesses, les engagemens, les » sermens ne sont que des paroles : Il est » aussi aisé de rompre ce lien frivole que » de la former. Sans le dogme d'un dieu » législateur, toute obligation morale est » chimérique. Force d'un côté, impuissance » de l'autre, voilà tout le lien des sociétés » humaines. » (**)

(*) L'homme dans l'état de nature n'avoit que des droits . . . . En entrant dans la société, je renonce à ma volonté particulière pour me conformer à la Loi *qui est la volonté générale.* — *Le Spectateur français* (Tom. 1. p. 194), s'est justement moqué de cette définition; mais il pouvoit observer de plus qu'elle appartient au siècle et surtout à Locke qui a ouvert ce siècle d'une manière si funeste.

(**) Bergier. *Traité hist. et dogm. de la Religion.* 8°. Tom. 3, chap. 4, § 12, p. 330, 331. (D'après Tertullien, *Apol.* 45.)

Ce qu'un sage et profond théologien a dit ici de l'obligation morale, s'applique avec une égale vérité à l'obligation politique ou civile. La Loi n'est proprement *Loi*, et ne possède une véritable sanction qu'en la supposant émanée d'une volonté supérieure; en sorte que son caractère essentiel est *de n'être pas la volonté de tous*: Autrement les lois ne seront, comme on vient de le dire, *que des Règlemens*; et, comme le dit encore l'auteur cité tout-à-l'heure, « Ceux qui ont eu la » liberté de faire ces conventions ne se sont » pas oté le pouvoir de les révoquer; et » leurs descendans qui n'y ont eu aucune » part, sont encore moins tenus de les observer. » (*) Delà vient que le bon sens primordial, heureusement antérieur aux sophismes, a cherché de tout côté la sanction des lois dans une puissance au-dessus de l'homme; soit en reconnoissant que la souveraineté vient de Dieu, soit en révérant certaines lois non écrites comme venant de Lui.

(*) Bergier. Ibid.

III. Les rédacteurs des lois romaines ont jetté sans prétention, dans le premier chapitre de leur collection, un fragment de jurisprudence grecque bien remarquable. *Parmi les lois qui nous gouvernent*, dit ce passage, *les unes sont écrites et les autres ne le sont pas.* Rien de plus simple et rien de plus profond. Connoît-on quelque loi turque qui permette expressément au Souverain d'envoyer immédiatement un homme à la mort sans la décision intermédiaire d'un tribunal? Connoît-on quelque loi *écrite*, même religieuse, qui le défende aux Souverains de l'Europe chrétienne? (*) Cependant le Turc n'est pas

---

(*) *L'Eglise défend à ses enfans encore plus fortement que les lois civiles de se faire justice à eux-mêmes ; et c'est par son esprit que les Rois chrétiens ne se la font pas, dans les crimes mêmes de lèse-majesté au premier chef, et qu'ils remettent les criminels entre les mains des juges pour les faire punir selon les lois et dans les formes de la justice* (Pascal. XIVe. lettre prov.) Ce passage est très-important et devroit se trouver ailleurs.

plus surpris de voir son maître ordonner immédiatement la mort d'un homme que de le voir aller à la Mosquée. Il croit avec toute l'Asie et même avec toute l'antiquité que le droit de mort exercé immédiatement, est un appanage légitime de la souveraineté. Mais nos Princes frémiroient à la seule idée de condamner un homme à mort ; car selon notre manière de voir, cette condamnation seroit un meurtre abominable : Et cependant je doute qu'il fut possible de le leur défendre par une loi fondamentale écrite, sans amener des maux plus grands que ceux qu'on auroit voulu prévenir.

IV. Demandez à l'histoire romaine quel étoit précisément le pouvoir du Sénat ; elle demeurera muette, du moins quant aux limites précises de ce pouvoir. On voit bien en général que celui du peuple et celui du Sénat se balançoient mutuellement, et ne cessoient de se combattre : On voit bien que le patriotisme ou la lassitude, la foiblesse ou la violence terminoient ces luttes dangereuses ; mais nous n'en savons pas davantage (*) en assistant à ces grandes scènes de l'histoire, on se sent quelquefois tentés de croire que les choses seroient allées beaucoup mieux s'il y avoit eu des lois précises pour circonscrire les pouvoirs ; mais ce seroit une grande erreur : De pareilles lois, toujours compromises par des cas inattendus et des exceptions forcées, n'auroient pas duré six mois, ou elles auroient renversé la République.

V. La Constitution anglaise est un exemple plus près de nous, et, par conséquent, plus frappant. Qu'on l'examine avec

(*) J'ai souvent réfléchi sur ce passage de Cicéron (*de Leg.* II. 6.) *Leges Liviæ præsertim uno versiculo senatus puncto temporis sublatæ sunt.* De quel droit le Sénat prenoit-il cette liberté ? Et comment le Peuple le laissoit-il faire ? Il n'est sûrement pas aisé de répondre : Mais, de quoi peut-on s'étonner dans ce genre, puisqu'après tout ce qu'on a écrit sur l'histoire et sur les antiquités romaines, il a fallu de nos jours, écrire des dissertations pour savoir comment le Sénat se recrutoit ?

attention : On verra *qu'elle ne va qu'en n'allant pas* (si ce jeu de mots est permis.) Elle ne se soutient que par les exceptions. L'*habeas corpus*, par exemple, a été si souvent et si long-temps suspendu qu'on a pu douter si l'exception n'étoit pas devenue règle. Supposons un instant que les auteurs de ce fameux acte eussent eu la prétention de fixer les cas où il pourroit être suspendu, ils l'auroient anéanti par le fait.

VI. Dans la Séance de la Chambre des Communes, du 26 Juin 1807, un Lord cita l'autorité d'un grand homme d'Etat pour établir *que le Roi n'a pas droit de dissoudre le Parlement pendant la Session;* mais cette opinion fut contredite; où est la Loi? Essayez de la faire et de fixer exclusivement *par écrit*, le cas où le Roi a ce droit; vous amenerez une révolution. *Le Roi*, dit alors l'un des Membres, *a ce droit lorsque l'occasion est importante;* mais qu'est-ce qu'une occasion *importante?* Essayez encore de le décider par écrit.

VII. Mais voici quelque chose de plus singulier. Tout le monde se rappelle la grande question agitée avec tant de chaleur en Angleterre en l'année 1806. Il s'agissoit de savoir : *Si la cumulation d'un emploi de judicature avec une place de Membre du Conseil privé, s'accordoit ou non avec les principes de la Constitution anglaise ?* Dans la séance de cette même Chambre des Communes du 3 Mars, un Membre observa *que l'Angleterre est gouvernée par un Corps* (le Conseil privé) *que la Constitution ignore.* (*) *Seulement*, ajouta-t-il, *elle le laisse faire.* (**)

Voilà donc chez cette sage et justement fameuse Angleterre un Corps qui gouverne et fait tout dans le vrai ; mais *que la Constitution ne connoît pas.* Delolme a ou-

---

(*) *This country is governed by a body not known by Legislature.*

(**) *Connived at.* V. le *London-Chronicle*, du 4 Mars 1806. Observez que ce mot de *Législature* renfermant les trois pouvoirs, il suit de cette assertion que le Roi même *ignore le Conseil privé.* — Je crois cependant qu'il s'en doute.

blié ce trait que je pourrois appuyer de plusieurs autres.

Après cela qu'on vienne nous parler de Constitutions écrites et de Lois constitutionnelles faites *à priori*. On ne conçoit pas comment un homme sensé peut rêver la possibilité d'une pareille chimère. Si l'on s'avisoit de faire une Loi en Angleterre pour donner une existence constitutionnelle au Conseil privé, et pour régler ensuite et circonscrire rigoureusement ses privilèges et ses attributions, avec les précautions nécessaires pour limiter son influence et l'empêcher d'en abuser, on renverseroit l'Etat.

La véritable *Constitution anglaise* est cet esprit public, admirable, unique, infaillible, au-dessus de tout éloge; qui mène tout, qui conserve tout, qui sauve tout. — Ce qui est écrit n'est rien. (*)

(*) *Cette Constitution turbulente*, dit Hume, *toujours flottante entre la prérogative et le privilège, présente une foule d'autorités pour et contre.* (James I. 1621. ch. 47.) Hume, en disant ainsi la vérité, ne manque point de respect à son pays; il dit ce qui est et ce qui doit être.

VIII. On jeta les hauts cris sur la fin du siècle dernier, contre un Ministre qui avoit conçu le projet d'introduire cette même Constitution anglaise (ou ce qu'on appeloit de ce nom) dans un Royaume en convulsion qui en demandoit une quelconque, avec une espèce de fureur : il eut tort, si l'on veut ; autant du moins qu'on peut avoir tort lorsqu'on est de bonne foi ; ce qu'il est bien permis de supposer, et ce que je crois de tout mon cœur : Mais ; qui donc avoit droit de le condamner? *Vel duo, vel nemo.* Il ne déclaroit pas vouloir rien détruire de son chef ; il vouloit seulement, disoit-il, substituer une chose qui lui paroissoit raisonnable, à une autre dont on ne vouloit plus ; et qui même, par le fait, n'existoit plus. Si l'on suppose d'ailleurs le principe comme posé (et il l'étoit en effet) *Que l'homme peut créer une Constitution* ; ce Ministre, (qui étoit certainement un homme) avoit droit de faire la sienne tout comme un autre, et plus qu'un autre. Les doctrines, sur ce point, étoient-elles douteuses? Ne croyoit-on pas de tout côté qu'une Constitution est un ouvrage d'esprit comme une

Ode ou une Tragédie ? *Thomas Payne* n'avoit-il pas déclaré, avec une profondeur qui ravissoit les Universités, *qu'une Constitution n'existe pas tant qu'on ne peut la mettre dans sa poche?* Le XVIIIe. siècle qui ne s'est douté de rien, n'a douté de rien: c'est la règle ; et je ne crois pas qu'il ait produit un seul jouvenceau de quelque talent qui n'ait fait trois choses, au sortir du Collège ; une *Néopédie*, une Constitution et un Monde. Si donc un homme, dans la maturité de l'âge et du talent; profondément versé dans les sciences économiques et dans la philosophie du temps, n'avoit entrepris que la seconde de ces choses seulement, je l'aurois trouvé déjà excessivement modéré ; mais j'avoue qu'il me paroît un véritable prodige de sagesse et de modestie lorsque je le vois, mettant (au moins comme il le croyoit) l'expérience à la place des folles théories, demander respectueusement une Constitution aux Anglais, au lieu de la faire lui-même. On dira : *Celà même n'étoit pas possible:* Je le sais; mais il ne le savoit pas: et comment l'auroit-il su? Qu'on me nomme celui qui le lui avoit dit.

IX. Plus on examinera le jeu de l'action humaine dans la formation des Constitutions politiques, et plus on se convaincra qu'elle n'y entre que d'une manière infiniment subordonnée ; ou comme simple instrument ; et je ne crois pas qu'il reste le moindre doute sur l'incontestable vérité des propositions suivantes :

1°. Que les racines des Constitutions politiques existent avant toute loi écrite.

2°. Qu'une Loi constitutionnelle n'est, et ne peut être que le développement, ou la sanction d'un droit préexistant et non écrit.

3°. Que ce qu'il y a de plus essentiel, de plus intrinséquement constitutionnel, et de véritablement fondamental, n'est jamais écrit, et même, ne sauroit l'être, sans exposer l'Etat.

4°. Que la foiblesse et la fragilité d'une Constitution sont précisément en raison directe de la multiplicité des articles constitutionnels écrits. (*)

(*) Ce qui peut servir de Commentaire au mot célèbre de Tacite : *Pessimœ Reipublicœ plurimœ Leges.*

X. Nous sommes trompés sur ce point par un sophisme si naturel qu'il échappe entièrement à notre attention. Parce que l'homme agit, il croit agir seul; et parce qu'il a la conscience de sa liberté, il oublie sa dépendance. Dans l'ordre physique il entend raison, et quoiqu'il puisse, par exemple, planter un gland, l'arroser, etc., cependant il est capable de convenir qu'il ne fait pas des chênes, parce qu'il voit l'arbre croître et se perfectionner sans que le pouvoir humain s'en mêle, et que d'ailleurs il n'a pas fait le gland; mais dans l'ordre social où il est présent et agent, il se met à croire qu'il est réellement l'auteur direct de tout ce qui se fait par lui: c'est dans un sens, la truelle qui se croit architecte. L'homme est intelligent; il est libre, il est sublime: sans doute; mais il n'en est pas moins un *outil de Dieu*, suivant l'heureuse expression de Plutarque, dans un beau passage qui vient de lui-même se placer ici.

« Il ne faut pas s'émerveiller, » dit-il, « si » les plus belles et les plus grandes choses » du monde se font par la volonté et provi- » dence de Dieu; attendu que, en toutes

» les plus grandes et principales parties » du monde, il y a une ame; car l'organe » et l'outil de l'ame, c'est le corps; et l'ame » est L'OUTIL DE DIEU : Et comme le corps » a de soi plusieurs mouvemens, et que » la plupart, surtout les plus nobles, il les » tient de l'ame, aussi l'ame fait, ni plus, » ni moins, aucune de ses opérations étant » mue d'elle-même; et pour les autres, » elle se laisse manier, dresser et tourner » à Dieu, comme il lui plaît; étant le plus » bel organe et le plus adroit outil qui » sauroit être : car ce seroit chose étrange » que le vent, l'eau, les nuées et les pluyes » fussent instruments de Dieu, avec lesquels » il nourrit et entretient plusieurs créatures, » et en perd aussi et défait plusieurs autres, » et qu'il ne se servit nullement des ames » à faire pas une de ses œuvres. Il est, au » contraire, beaucoup plus vraisemblable, » attendu qu'elles dépendent totalement de » la puissance de Dieu, qu'elles servent à » tous les mouvemens et secondent toutes » les volontés de Dieu; plus que les arcs » n'obéissent aux Scytes; et aux Grecs, les » Lyres et les Haubois. » (*)

(*) Banquet des sept sages. Trad. d'Amyot. Chap. 70.

On ne sauroit mieux dire ; et je ne crois pas que ces belles réflexions trouvent nulle part d'application plus juste que dans la formation des Constitutions politiques où l'on peut dire avec une égale vérité que l'homme fait tout et ne fait rien.

XI. S'il y a quelque chose de connu c'est la comparaison de Cicéron, au sujet du Système d'Epicure qui vouloit bâtir un monde avec les atomes tombant au hazard dans le vide. *On me fairoit plutôt croire*, disoit le grand Orateur, *que des lettres jetées en l'air, pourroient s'arranger en tombant de manière à former un poëme.* Des milliers de bouches ont répété et célébré cette pensée ; je ne vois pas cependant que personne ait songé à lui donner le complément qui lui manque. Supposons que des caractères d'imprimerie jetés à pleines mains du haut d'une tour viennent former à terre l'Athalie de Racine, qu'en résultera-t-il ? *Qu'une intelligence a présidé à la chûte et à l'arrangement des caractères :* Le bon sens ne conclura jamais autrement.

XII. Considérons maintenant une Constitution politique, quelconque, celle de l'Angleterre, par exemple. Certainement elle n'a pas été faite *à priori*. Jamais des hommes d'Etat ne se sont assemblés et n'ont dit : *Créons trois pouvoirs ; balançons-les de telle manière*, etc., personne n'y a pensé. La Constitution est l'ouvrage des circonstances, et le nombre de ces circonstances est infini. Les lois romaines, les lois ecclésiastiques, les lois féodales, les coutumes saxones, normandes et danoises; les privilèges, les préjugés et les prétentions de tous les ordres ; les guerres, les révoltes, les révolutions, la conquête, les croisades; toutes les vertus, tous les vices, toutes les connoissances, toutes les erreurs, toutes les passions; tous ces élémens, enfin, agissant ensemble, et formant par leur mélange et leur action réciproque des combinaisons multipliées par myriades de millions, ont produit enfin, après plusieurs siècles, l'unité la plus compliquée et le plus bel équilibre de forces politiques qu'on ait jamais vu dans le monde. (*)

(*) Tacite croyoit que cette forme de gou-

XIII. Or, puisque ces élémens, ainsi projetés dans l'espace, se sont arrangés en si bel ordre, sans que, parmi cette foule innombrable d'hommes qui ont agi dans ce vaste champ, un seul ait jamais su ce qu'il faisoit par rapport au tout, ni prévu ce qui devoit arriver, il s'en suit que ces élémens étoient guidés dans leur chûte par une main infaillible supérieure à l'homme. La plus grande folie, peut-être, du siècle des

---

vernement ne seroit jamais qu'une théorie idéale ou une expérience passagère. « Le meilleur de » tous les gouvernemens » dit-il « (d'après Cicéron, comme on sait) seroit celui qui résul» teroit du mélange des trois pouvoirs balancés » l'un par l'autre; *mais ce gouvernement n'exis» tera jamais; ou s'il se montre, il ne durera » pas.* » (Ann. IV. 33.) Le bon sens anglais peut cependant le faire durer bien plus longtemps qu'on ne pourroit l'imaginer, en subordonnant sans cesse, mais plus ou moins, la théorie, ou ce qu'on appelle *les principes*, aux leçons de l'expérience et de la modération : Ce qui seroit impossible si les *principes* étoient écrits.

folies fut de croire que des lois fondamentales pouvoient être écrites *à priori;* tandis qu'elles sont évidemment l'ouvrage d'une force supérieure à l'homme; et que l'écriture, même très-postérieure, est pour elles le plus grand signe de nullité.

XIV. Il est bien remarquable que Dieu ayant daigné parler aux hommes, a manifesté lui-même ces vérités dans les deux révélations que nous tenons de sa bonté. Un très-habile homme qui fait à mon avis une sorte d'époque dans notre siècle, à raison du combat à outrance qu'il nous montre dans ses écrits entre les préjugés les plus terribles de siècle, de secte, d'habitude, etc; et les intentions les plus pures, les mouvemens du cœur le plus droit et les connoissances les plus précieuses; cet habile homme, dis-je, a décidé : « *Qu'une instruction venant immédiatement de Dieu, ou donnée seulement par ses ordres,* DEVOIT *premièrement certifier aux hommes l'existence de cet* ÊTRE. » C'est présisément le contraire : car le premier caractère de cette instruction est de ne révéler directement ni l'existence de

Dieu ni ses attributs ; mais de supposer le tout antérieurement connu, sans qu'on sache ni pourquoi ni comment. Ainsi elle ne dit point ; *Il n'y a ;* ou, *vous ne croirez qu'un seul Dieu éternel*, *Tout-Puissant*, etc. Elle dit, (et c'est son premier mot) sous une forme purement narrative : *Au commencement*, *Dieu créa*, etc., par où elle suppose que le dogme est connu avant l'écriture.

XV. Passons au Christianisme qui est la plus grande de toutes les institutions imaginables, puisqu'elle est toute divine, et qu'elle est faite pour tous les hommes et pour tous les siècles : Nous la trouverons soumise à la Loi générale. Certes, son divin auteur étoit bien le maître d'écrire lui-même ou de faire écrire ; cependant il n'a fait ni l'un ni l'autre, du moins en forme législative. *Le Nouveau-Testament*, postérieur à la mort du Législateur, et même à l'établissement de sa religion, présente une narration, des avertissemens, des préceptes moraux, des exhortations, des ordres, des menaces, etc., mais nullement un recueil de dogmes énoncés en forme impérative. Les Evangélistes, en racontant cette dernière *cène* où Dieu nous aima JUSQU'A LA FIN, avoient là une belle occasion de commander par écrit à notre croyance ; ils se gardent cependant, de déclarer ni d'ordonner rien. On lit bien dans leur admirable histoire ; *Allez! Enseignez!* Mais point du tout, *enseignez ceci ou cela*. Si le dogme se présente sous la plume de l'historien sacré, il l'énonce simplement comme une chose antérieurement connue. (*) Les Symboles, qui parurent depuis, sont des professions

---

(*) Il est très-remarquable que les Evangélistes même ne prirent la plume que tard et principalement pour contredire des histoires fausses publiées de leur temps. Les Epîtres canoniques naquirent aussi de causes accidentelles : Jamais, l'Ecriture n'entra dans le plan primitif des fondateurs. *Mill*, quoique protestant, l'a reconnu expressément. (*Proleg. in nov. test. grœc.* P. I. N°. 65.) Et Hobbes, avoit déjà fait la même observation en Angleterre. (*Hobbes's Tripos, in three discourses. Disc. The IIIth.* P. 265. in-8°.)

de foi pour se reconnoître, ou pour contredire les erreurs du moment ; on y lit : *Nous croyons ;* jamais *Vous croirez.* Nous les récitons en particulier : Nous les chantons dans les Temples, *sur la Lyre, et sur l'Orgue*, (*) comme de véritables prières parce qu'ils sont des formules de soumission, de confiance et de foi adressées à Dieu, et non des ordonnances adressées aux hommes. Je voudrois bien voir la *Confession d'Augsbourg*, ou les *trente-neuf articles*, mis en musique ; cela seroit plaisant ! (**)

(*) *In Chordis et organo.* Ps. CL. 4.

(**) La raison ne peut que *parler* : C'est l'amour qui *chante ;* et voilà pourquoi nous chantons nos Symboles ; car la *Foi* n'est qu'une *croyance par amour :* Elle ne réside point seulement dans l'entendement ; elle pénètre encore et s'enracine dans la volonté. Un Théologien philosophe a dit avec beaucoup de vérité et de finesse : « Il y a bien de la différence entre croire, et juger qu'il faut croire. » *Aliud est credere, aliud judicare esse credendum* (*Leon. Lessii Opuscula.* Lyon. 1651. in-fol°. p. 556. col. 2. *De Prœdestinatione.*)

Bien loin que les premiers Symboles contiennent l'énoncé de *tous* nos dogmes, les Chrétiens d'alors auroient au contraire regardé comme un grand crime de les énoncer *tous*. Il en est de même des Saintes Ecritures : Jamais il n'y eut d'idée plus creuse que celle d'y chercher la totalité des dogmes chrétiens : Il n'y a pas une ligne dans ces écrits qui déclare, qui laisse seulement apercevoir le projet d'en faire un Code, ou une déclaration dogmatique de tous les articles de Foi.

XVI. Il y a plus : Si un Peuple possède un de ces *Codes de croyance*, on peut être sûr de trois choses :

1°. Que la Religion de ce Peuple est fausse.

2°. Qu'il a écrit son Code religieux dans un accès de fièvre.

3°. Qu'on s'en moquera en peu de temps chez cette Nation même, et qu'il ne peut avoir ni force ni durée. Tels sont, par exemple, ces fameux Articles, *qu'on* *signe plus qu'on ne les lit, et qu'on lit plus qu'on ne les croit.* (*) Non seulement ce catalogue de dogmes est compté pour rien, ou à-peu-près, dans le pays qui l'a vu naître; mais de plus, il est évident, même pour l'œil étranger, que les illustres possesseurs de cette feuille de papier en sont fort embarrassés. Ils voudroient bien la faire disparoître, parce qu'elle impatiente le bon sens national éclairé par le temps, et parce qu'elle leur rappelle une origine malheureuse; mais, la *Constitution est écrite.*

XVII. Jamais, sans doute, ces mêmes Anglais n'auroient demandé la Grande Charte, si les priviléges de la Nation n'avoient pas été violés; mais jamais aussi, ils ne l'auroient demandée, si les privilèges n'avoient pas existé avant la Charte. Il en est de l'Eglise comme de l'Etat : Si jamais le Christianisme n'avoit été attaqué, jamais

---

(*) *Gibbon;* dans ses Mémoires. Tom. I. Chap. 5., de la traduction française.

il n'auroit écrit pour fixer le dogme ; mais jamais aussi le dogme n'a été fixé par écrit que parce qu'il existoit antérieurement dans son état naturel qui est celui de *Parole.*

Les véritables auteurs du Concile de Trente furent les deux grands novateurs du XVIe. siècle. (*) Leurs Disciples, devenus plus calmes, nous ont proposé depuis, d'effacer cette loi fondamentale, parce qu'elle contient quelques mots difficiles pour eux ; et ils ont essayé de nous tenter, en nous montrant comme possible à ce prix, une réunion qui nous rendroit complices au lieu de nous rendre amis ; mais cette demande n'est ni théologique ni philosophique. Eux-mêmes amenèrent jadis dans la langue religieuse, ces mots qui les fatiguent. Désirons qu'ils apprennent aujourd'hui à les prononcer. La Foi, si la sophistique opposition ne l'avoit jamais forcée d'écrire, seroit mille fois plus angé-

(*) On peut faire la même observation en remontant jusqu'à Arius : Jamais l'Eglise n'a cherché à écrire ses dogmes ; toujours on l'y a forcée.

4

lique : Elle pleure sur ces décisions que la révolte lui arracha et qui furent toujours des malheurs, puisqu'elles supposent toutes le doute ou l'attaque, et qu'elles ne purent naître qu'au milieu des commotions les plus dangereuses. L'état de guerre éleva ces remparts vénérables autour de la Vérité : ils la défendent sans doute, mais ils la cachent : ils la rendent inattaquable ; mais par là même, moins accessible. Ah! ce n'est pas ce qu'elle demande, elle qui voudroit serrer le genre humain dans ses bras.

XVIII. J'ai parlé du Christianisme comme système de croyance ; je vais maintenant l'envisager comme souveraineté, dans son association la plus nombreuse. Là, elle est monarchique comme tout le monde sait, et cela devoit être, puisque la monarchie devient, par la nature même des choses, plus nécessaire à mesure que l'association devient plus nombreuse. On n'a point oublié qu'une bouche impure se fit cependant approuver de nos jours, lorsqu'elle dit *que la France étoit géographiquement monarchique :* Il seroit difficile, en effet, d'exprimer plus heureusement une vérité plus incontestable. Mais si l'étendue de la France repousse seule l'idée de toute autre espèce de gouvernement, à plus forte raison, cette souveraineté qui, par l'essence même de sa Constitution, aura toujours des sujets sur tous les points du globe, ne pouvoit être que monarchique; et l'expérience sur ce point se trouve d'accord avec la théorie. Cela posé, qui ne croiroit qu'une telle monarchie se trouve plus rigoureusement déterminée et circonscrite que toutes les autres, dans la prérogative de son chef? C'est cependant le contraire qui a lieu. Lisez les innombrables volumes enfantés par la guerre étrangère et même par une espèce de guerre civile qui a ses avantages et ses inconvéniens; vous verrez que de tout côté on ne cite que des faits; et c'est une chose surtout bien remarquable que le tribunal suprême ait constamment laissé disputer sur la question qui se présente à tous les esprits comme la plus fondamentale de la Constitution, sans avoir voulu jamais la décider par une loi formelle; ce qui devoit être ainsi, si je ne me trompe infiniment, à raison précisément de l'importance fondamentale de la question. (*) Quelques hommes sans mission et téméraires par foiblesse, tentèrent de la décider en 1682, en dépit d'un grand homme; et ce fut une des plus solennelles imprudences qui aient jamais été commises dans le monde. Le monument qui nous en est resté, est condamnable sans doute sous tous les rapports, mais il l'est surtout par un côté qui n'a pas été remarqué, quoiqu'il prête le flanc plus que tout autre à une critique éclairée. La fameuse Déclaration osa décider par écrit et sans nécessité, même apparente (ce qui porte la faute à l'excès) une question qui devoit être constamment abandonnée à une certaine sagesse pratique éclairée par la conscience UNIVERSELLE.

(*) Je ne sais si les Anglais ont remarqué que le plus docte et le plus fervent défenseur de la souveraineté dont il s'agit ici, intitule ainsi un de ses chapitres : *Que la monarchie mixte tempérée d'aristocratie et de démocratie, vaut mieux que la monarchie pure.* (*Bellarm. de summo. Pontif. Cap. III.*) Pas mal pour un fanatique!

Ce point de vue est le seul qui se rapporte au dessein de cet ouvrage ; mais il est bien digne des méditations de tout esprit juste et de tout cœur droit.

XIX. Ces idées ne sont point étrangères (prises dans leur généralité) aux philosophes de l'antiquité : Ils ont bien senti la foiblesse, j'ai presque dit le néant de l'Ecriture dans les grandes institutions ; mais personne n'a mieux vu, ni mieux exprimé cette vérité que Platon qu'on trouve toujours le premier sur la route de toutes les grandes vérités. Suivant lui, d'abord ; « L'homme qui doit toute son instruction » à l'écriture *n'aura jamais que l'apparence de la sagesse.* (*) » La parole, » ajoute-t-il « est à l'écriture ce qu'un » homme est à son portrait. Les productions de l'écriture se présentent à nos » yeux comme vivantes ; mais *si on les* » *interroge, elles gardent le silence*

---

*) Δοξόσοφοι γεγονότες ἀντὶ σοφῶν. Plat. in Phædr. Opp. Tom. X. Edit. Bipont. P. 381.

» *avec dignité.* (*) Il en est de même de » l'écriture *qui ne sait ni ce qu'il faut* » *dire à un homme, ni ce qu'il faut* » *cacher à un autre.* Si l'on vient à l'at- » taquer ou à l'insulter sans raison, elle ne » peut se défendre; *car son père n'est* » *jamais là pour la soutenir.* (**) De » manière que celui qui s'imagine pouvoir » établir par l'écriture seule une doctrine » claire et durable, EST UN GRAND » SOT (***). S'il possédoit réellement les » véritables germes de la vérité, il se gar- » deroit bien de croire qu'*avec un peu de* » *liqueur noire et une plume* (†) il » pourra les faire germer dans l'Univers, les » défendre contre l'inclémence des saisons » et leur communiquer l'efficacité néces-

(*) Σεμνῶς πάνυ σιγᾷ. ibid. p. 382.

(**) Τοῦ πατρός ἀεὶ δεῖται βοηθοῦ. (ibid. p. 382.)

(***) Πολλῆς ἂν εὐηθείας γέμοι (ibid. p. 382. mot-à-mot. *Il regorge de bêtise.*

Prenons garde, chacun dans notre pays, que cette espèce de *Pléthore* ne devienne endémique.

(†) Ἐν ὕδατι μέλανι διὰ καλάμου. (ibid. p. 384.)

» saire. Quant à celui qui entreprend d'é-
» crire *des Lois ou des Constitutions*
» *civiles* (*) et qui se figure que, parce
» qu'il les a écrites, il a pu leur donner
» l'évidence et la stabilité convenables,
» quelque puisse être cet homme, particu-
» lier ou législateur (**), et soit qu'on le
» dise ou qu'on ne le dise pas (***), il s'est
» déshonoré; car il a prouvé par là qu'il
» ignore également ce que c'est que l'ins-
» piration et le délire, le juste et l'injuste,
» le bien et le mal : Or, cette ignorance
» est une ignominie, quand même la masse
» entière du vulgaire applaudiroit. » (†)

XX. Après avoir entendu *la sagesse des Nations*, il ne sera pas inutile, je pense, d'entendre encore la philosophie chrétienne.

(*) Νόμους τιθείς, σύγγραμμα πολιτικὸν γράφων. ib. p. 386.

(**) Ἰδίᾳ ἢ δημοσίᾳ. ibid.

(***) Εἴτε τις φησὶν, εἴτε μή. ibid.

(†) Οὐκ ἐκφεύγει τῇ ἀληθείᾳ μὴ οὐκ ἐπονείδιστον εἶναι, οὐδὲ ἂν ὁ πᾶς ὄχλος αὐτὸ ἐπαινέσῃ (ibid. p. 386. 387.)

» Il eut été sans doute bien à désirer » a dit le plus éloquent des Pères grecs » que » nous n'eussions jamais eu besoin de l'é- » criture ; et que les préceptes divins ne » fussent écrits que dans nos cœurs, par la » grâce, comme ils le sont par l'encre, » dans nos livres : Mais, puisque nous » avons perdu cette grâce par notre faute, » saisissons donc, puisqu'il le faut, *une* » *planche au lieu du vaisseau*, et sans » oublier cependant la supériorité du pre- » mier état. Dieu ne révéla jamais rien par » écrit aux Elus de l'Ancien-Testament : » Toujours il leur parla directement parce » qu'il voyoit la pureté de leurs cœurs; » mais le peuple hébreu, s'étant précipité » dans l'abîme des vices, il fallut des livres » et des lois. La même marche s'est re- » nouvelée sous l'empire de la nouvelle » révélation; car le Christ n'a pas laissé un » seul écrit à ses Apôtres. Au lieu de livres » il leur promit le Saint-Esprit. *C'est lui*, » leur dit-il, *qui vous inspirera ce que* » *vous aurez à dire* : (*) Mais parce

(*) *Chrysost. Hom. in Math.* I. 1.

» que dans la suite des temps, des hommes » coupables se révoltèrent contre les » dogmes et contre la morale ; il fallut » en venir aux livres. »

XXI. Toute la vérité se trouve réunie dans ces deux autorités. Elles montrent la profonde imbécillité (il est bien permis de parler comme Platon qui ne se fâche jamais) la profonde imbécillité, dis - je, de ces pauvres gens qui s'imaginent que les Législateurs sont des hommes, (*) que les Lois sont du papier; et qu'on peut constituer les Nations *avec de l'encre.* Elles montrent au contraire que l'écriture est constamment un signe de foiblesse, d'ignorance ou de danger ; qu'à mesure qu'une institution est parfaite, elle écrit moins; de manière que celle qui est certainement

(*) Parmi une foule de traits admirables, dont les Pseaumes de David étincellent, je distingue le suivant : *Constitue domine legislatorem super eos, ut sciant quoniam homines sunt.* c.-à.-d. : « Place, Seigneur, un Législateur sur leurs têtes, afin qu'ils sachent qu'ils sont des hommes. » — C'est un beau mot !

divine, n'a rien écrit du tout en s'établissant, pour nous faire sentir que toute loi écrite n'est qu'un mal nécessaire, produit par l'infirmité ou par la malice humaine; et qu'elle n'est rien du tout, si elle n'a reçu une sanction antérieure et non écrite.

XXII. C'est ici qu'il faut gémir sur le paralogisme fondamental d'un système qui a si malheureusement divisé l'Europe. Les partisans de ce système, ont dit: *Nous ne croyons qu'à la parole de Dieu*... Quel abus des mots! Quelle étrange et funeste ignorance des choses divines! Nous seuls, croyons *à la parole*, tandis que nos *chers ennemis* s'obstinent à ne croire qu'*à l'écriture* : Comme si Dieu avoit pu ou voulu changer la nature des choses dont il est l'auteur, et communiquer à l'écriture la vie et l'efficacité qu'elle n'a pas! L'Ecriture Sainte n'est-elle donc pas *une écriture?* N'a-t-elle pas été tracée *avec une plume et un peu de liqueur noire? Sait-elle ce qu'il faut dire à un homme et ce qu'il faut cacher à un autre?* (*)

(*) Revoyez la page 29 et suiv.

Leibnitz et sa servante n'y lisoient-ils pas les mêmes mots? Peut-elle être, cette écriture, autre chose que le *Portrait du Verbe?* Et, quoi qu'infiniment respectable sous ce rapport, si l'on vient à l'interroger, ne faut-il pas qu'*elle garde un silence divin?* (*) Si on l'attaque enfin, ou si on l'insulte, *peut-elle se défendre en l'absence de son père?* Gloire à la vérité! Si la *Parole*, éternellement vivante ne vivifie l'écriture, jamais celle-ci ne deviendra *Parole*, c'est-à-dire, *Vie.* Que d'autres invoquent donc tant qu'il leur plaira, LA PAROLE MUETTE : Nous rirons en paix de ce *Faux-dieu;* attendant toujours avec une tendre impatience le moment où ses partisans détrompés, se jetteront dans nos bras, ouverts bientôt depuis trois siècles.

XXIII. TOUT bon esprit achèvera de se convaincre sur ce point pour peu qu'il veuille réfléchir sur un axiome également frappant par son importance et par son

---

(*) Σεμνῶς πάνυ σιγᾷ. Plat. ibid.

universalité. C'est que, RIEN DE GRAND N'A DE GRANDS COMMENCEMENS. On ne trouvera pas dans l'histoire de tous les siècles une seule exception à cette loi. *Crescit occulto velut arbor aevo ;* c'est la devise éternelle de toute grande institution ; et delà vient que toute institution fausse écrit beaucoup, parce qu'elle sent sa foiblesse, et qu'elle cherche à s'appuyer. De la vérité que je viens d'énoncer, résulte l'inébranlable conséquence, que nulle institution grande et réelle ne sauroit être fondée sur une loi écrite, puisque les hommes mêmes, instrumens successifs de l'établissement, ignorent ce qu'il doit devenir, et que l'accroissement insensible est le véritable signe de la durée, dans tous les ordres possibles de choses. Un exemple remarquable de ce genre se trouve dans la puissance des Souverains Pontifes que je n'entends point envisager ici d'une manière dogmatique. Une foule de savans écrivains ont fait depuis le XVIe. Siècle, une prodigieuse dépense d'érudition pour établir, en remontant jusqu'au berceau du Christianisme, que les Evêques de Rome n'étoient point dans les premiers siècles ce qu'ils furent depuis; supposant ainsi comme un point accordé que tout ce qu'on ne trouve pas dans les temps primitifs est abus. Or je le dis, sans le moindre esprit de contention, et sans prétendre choquer personne, ils montrent en cela autant de philosophie et de véritable savoir que s'ils cherchoient dans un enfant au maillot les véritables dimensions de l'homme fait. La Souveraineté dont je parle dans ce moment est née comme les autres et s'est accrue comme les autres. C'est une pitié de voir d'excellens esprits se tuer à prouver par l'enfance que la virilité est un abus; tandis qu'une institution quelconque, adulte en naissant, est une absurdité au premier chef, une véritable contradiction logique. Si les ennemis éclairés et généreux de cette puissance (et certes, elle en a beaucoup de ce genre) examinent la question sous ce point de vue, comme je les en prie avec amour, je ne doute pas que toutes ces objections tirées de l'antiquité, ne disparoissent à leurs yeux comme un léger brouillard.

Quant aux abus, je ne dois point m'en occuper ici. Je dirai seulement, puisque ce sujet se rencontre sous ma plume, qu'il y a bien à rabbattre des déclamations que le dernier siècle nous a fait lire sur ce grand sujet. Un temps viendra où les Papes contre lesquels on s'est le plus récrié, tels que Grégoire VII, par exemple, seront regardés dans tous les pays, comme les Amis, les Tuteurs, les Sauveurs du genre humain; comme les véritables génies constituans de l'Europe.

Personne n'en doutera, dès que les Savans français seront Chrétiens et dès que les Savans anglais seront Catholiques, ce qui pourroit fort bien arriver un beau matin.

XXIV. Mais par quelle parole pénétrante pourrions-nous dans ce moment nous faire entendre d'un siècle infatué de l'écriture et brouillé avec la parole, au point de croire que les hommes peuvent créer des Constitutions, des langues et même des Souverainetés ? D'un siècle pour qui toutes les réalités sont des mensonges, et tous les mensonges des réalités; qui ne voit pas même ce qui se passe sous ses yeux; qui se repait de livres, et va demander d'équivoques leçons à Thucydide ou à Tite-Live, tout en fermant les yeux à la vérité qui rayonne dans les gazettes du temps?

Si les vœux d'un simple mortel étoient dignes d'obtenir de la Providence un de ces décrets mémorables qui forment les grandes époques de l'histoire, je lui demanderois d'inspirer à quelque Nation puissante qui l'auroit grièvement offensée, l'orgueilleuse pensée de se constituer elle-même politiquement, en commençant par les bases. Que si malgré mon indignité, l'antique familiarité d'un Patriarche m'étoit permise, je dirois : « Accorde-lui tout ! » Donne-lui l'esprit, le savoir, la richesse, » la valeur, surtout une confiance démesurée en elle-même et ce génie à-la-fois » souple et entreprenant que rien n'embarrasse et que rien n'intimide. Eteins son » gouvernement antique ; ôte-lui la mémoire ; tue ses affections : Répands de » plus la terreur autour d'elle ; aveugle, » ou glace ses ennemis ; ordonne à la victoire de veiller à-la-fois sur toutes ses » frontières, en sorte que nul de ses voisins ne puisse se mêler de ses affaires, » ni la troubler dans ses opérations. Que

» cette Nation soit illustre dans les Sciences, » riche en philosophes, ivre de pouvoir » humain, libre de tout préjugé, de tout » lien, de toute influence supérieure : » Donne-lui tout ce qu'elle désirera, de » peur qu'elle ne puisse dire un jour : » *Ceci m'a manqué, ou cela m'a gê-* » *née :* Qu'elle agisse enfin librement avec » cette immensité de moyens; afin qu'elle » devienne, sous ton inexorable protection, » une leçon éternelle pour le genre » humain. »

XXV. On ne peut sans doute, attendre une réunion de circonstances qui seroit un miracle au pied de la lettre; mais des événemens du même ordre, quoique moins remarquables, se montrent çà et là dans l'histoire; même dans l'histoire de nos jours; et bien qu'ils n'aient point, pour l'exemple, cette force idéale que je désirois tout-à-l'heure, ils ne renferment pas moins de grandes instructions.

Nous avons été témoins, il y a moins de vingt-cinq ans, d'un effort solennel fait pour régénérer une grande Nation mortellement malade. C'étoit le premier essai du grand-œuvre, et la *Préface*, s'il est permis de s'exprimer ainsi, de l'épouvantable livre qu'on nous a fait lire depuis. Toutes les précautions furent prises. Les Sages du pays crurent même devoir consulter la divinité moderne, dans son sanctuaire étranger. On écrivit à *Delphes*, et deux Pontifes fameux répondirent solennellement. (*) Les oracles qu'ils prononcèrent dans cette occasion, ne furent point comme autrefois des feuilles légères, jouets des vents : Ils sont reliés :

. . . . *Quidque hœc Sapientia posset*
Tunc patuit. . . . .

C'est une justice, au reste, de l'avouer : dans ce que la Nation ne devoit qu'à son propre bon sens, il y avoit des choses qu'on peut encore admirer aujourd'hui. Toutes les convenances se réunissoient sans doute sur la tête sage et auguste appelée à saisir les rênes du Gouvernement : Les principaux intéressés dans le maintien des anciennes lois, faisoient volontairement un superbe sacrifice au bien public; et pour fortifier l'autorité suprême, ils se prêtoient

(*) *Rousseau* et *Mabli.*

à changer une épithète de la Souveraineté. — Hélas! Toute la sagesse humaine fut en défaut, et tout finit par la mort.

XXVI. On dira : *Mais nous connoissons les causes qui firent manquer l'entreprise.* Comment donc? Veut-on que Dieu envoye des Anges sous formes humaines, chargés de déchirer une Constitution? Il faudra bien toujours que les causes secondes soient employées : celle-ci, ou celle-là, qu'importe? Tous les instrumens sont bons dans les mains du grand ouvrier; mais tel est l'aveuglement des hommes que si demain, quelques entrepreneurs de Constitutions viennent encore organiser un peuple, et le constituer *avec un peu de liqueur noire*, la foule se hâtera encore de croire au miracle annoncé. On dira de nouveau : *Rien n'y manque; tout est prévu, tout est écrit;* tandis que, précisément parce que tout seroit prévu, discuté et écrit, il seroit démontré que la Constitution est nulle, et ne présente à l'œil qu'une apparence éphémère.

XXVII. Je crois avoir lu quelque part *qu'il y a bien peu de souverainetés en état de justifier la légitimité de leur origine.* Admettons la justesse de l'assertion, il n'en résultera pas la moindre tache sur les Successeurs d'un Chef dont les Actes pourroient souffrir quelques objections : Le nuage qui envelopperoit plus ou moins l'origine de son autorité ne seroit qu'un inconvénient, suite nécessaire d'une loi du monde moral. S'il en étoit autrement, il s'en suivroit que le Souverain ne pourroit régner légitimement qu'en vertu d'une délibération de tout le Peuple : c'est-à-dire, *Par la grâce du Peuple ;* ce qui n'arrivera jamais ; car il n'y a rien de si vrai que ce qui a été dit par l'Auteur des *Considérations sur la France* : (*) *Que le Peuple acceptera toujours ses Maîtres et ne les choisira jamais.* Il faut toujours que l'origine de la Souveraineté se montre hors de la sphère du pouvoir humain; de manière que les hommes

(*) Londres. 1797. in-8°. Chap. IX. p. 160.

mêmes qui paroissent s'en mêler directement ne soient néanmoins que des circonstances. Quant à la légitimité ; si dans son principe elle a pu sembler ambigue, Dieu s'explique par son premier Ministre, au département de ce monde, *le Temps*. Il est bien vrai néanmoins que certains présages contemporains trompent peu lorsqu'on est à même de les observer ; mais les détails, sur ce point, appartiendroient à un autre ouvrage.

XXVIII. Tout nous ramène donc à la règle générale : *L'homme ne peut faire une Constitution ; et nulle Constitution légitime, ne sauroit être écrite.* Jamais on n'a écrit ; jamais on n'écrira *à priori*, le recueil des Lois fondamentales qui doivent constituer une Société civile ou religieuse. Seulement, lorsque la Société se trouve déjà constituée, sans qu'on puisse dire comment, il est possible de faire déclarer ou expliquer par écrit certains articles particuliers ; mais presque toujours ces déclarations sont l'effet ou la cause de très-grands maux ; et toujours elles coûtent aux Peuples plus qu'elles ne valent.

XXIX. A cette règle générale *Que nulle Constitution ne peut être écrite, ni faite à priori*, on ne connoît qu'une seule exception ; c'est la législation de Moïse. Elle seule fut, pour ainsi dire, *jetée* comme une statue, et écrite jusques dans les moindres détails par un homme prodigieux qui dit; FIAT! Sans que jamais son œuvre ait eu besoin depuis, d'être, ni par lui ni par d'autres, corrigée, suppléé ou modifiée. Elle seule a pu braver le temps, parce qu'elle ne lui devoit rien et n'en attendoit rien : Elle seule a vécu quinze-cents ans; et même après que dix-huit siècles nouveaux ont passé sur elle, depuis le grand Anathême qui la frappa au jour marqué, nous la voyons, vivante, pour ainsi dire, d'une seconde vie, resserrer encore, par je ne sais quel lien mystérieux qui n'a point de nom humain, les différentes familles d'un peuple qui demeure dispersé sans être désuni : De manière que, semblable à l'attraction et par le même pouvoir, elle agit à distance et fait un tout d'une foule de parties qui ne se touchent point. Aussi, cette législation sort évidemment pour toute conscience intelligente, du cercle tracé autour du pouvoir humain; et cette magnifique exception à une loi générale qui n'a cédé qu'une fois et n'a cédé qu'à son auteur, démontre seule la mission divine du grand Législateur des Hébreux bien mieux que le livre entier de ce Prélat anglais qui, avec la plus forte tête et une éruditon immense, a néanmoins eu le malheur d'appuyer une grande vérité sur le plus triste paralogisme.

XXX. Mais puisque toute Constitution est divine dans son principe, il s'ensuit que l'homme ne peut rien dans ce genre à moins qu'il ne s'appuye sur Dieu, dont il devient alors l'instrument. (*) Or c'est une vérité à laquelle le genre humain en corps, n'a cessé de rendre le plus éclattant témoignage. Ouvrons l'histoire, qui est la

(*) On peut même généraliser l'assertion et prononcer sans exception : *Que nulle institution quelconque ne peut durer, si elle n'est fondée sur la Religion.*

politique expérimentale, nous y verrons constamment le berceau des Nations environné de Prêtres, et la Divinité toujours appelée au secours de la foiblesse humaine. (*) La Fable, bien plus vraie que

---

(*) Platon dans un morceau admirable et tout-à-fait Mosaïque, parle d'un temps primitif *où Dieu avoit confié l'établissement et le régime des Empires, non à des Hommes, mais à des Génies;* puis il ajoute, en parlant de la difficulté de créer des Constitutions durables; *c'est la vérité même que si Dieu n'a pas présidé à l'établissement d'une Cité et qu'elle n'ait eu qu'un commencement humain, elle ne peut échapper aux plus grands maux. Il faut donc tâcher par tous les moyens imaginables, d'imiter le régime primitif; et nous confiant en ce qu'il y a d'immortel dans l'homme, nous devons fonder les Maisons ainsi que les Etats, en consacrant comme des Lois, les volontés de l'intelligence.* (suprême) *Que si un Etat* (quelque soit sa forme) *est fondé sur le vice, et gouverné par des gens qui foulent aux pieds la Justice, il ne lui reste aucun moyen de salut.* Οὐκ ἔστι σωτηρίας μηχανή. (Plat. de Leg. Tom. VIII. Edit. Bib. p. 180 181.)

l'Histoire ancienne, pour des yeux préparés, vient encore renforcer la démonstration. C'est toujours un oracle qui fonde les cités ; c'est toujours un oracle qui annonce la protection divine et les succès du Héros fondateur. Les Rois surtout, chefs des Empires naissans, sont constamment désignés et presque *marqués* par le Ciel de quelque manière extraordinaire. (*) Combien d'hommes légers auront ri de la *Sainte Ampoulle*, sans songer que la Sainte Ampoulle est un hiéroglyphe, et qu'il ne s'agit que de savoir lire. (**)

(*) On a fait grand usage dans la controverse de la fameuse règle de Richard de Saint-Victor : *Quod semper, quod ubique, quod ab omnibus.* Mais cette règle est générale et peut, je crois, être exprimée ainsi : *Toute croyance constamment universelle, est vraie ; et toutes les fois qu'en séparant d'une croyance quelconque, certains articles particuliers aux différentes Nations, il reste quelque chose de commun à toutes, ce Reste est une vérité.*

(**) Toute religion, par la nature même des choses, *pousse* une Mythologie qui lui ressemble.

XXXI. Le Sacre des Rois, tient à la même racine. Jamais il n'y eut de cérémonie; ou, pour mieux dire de Profession de Foi plus significative et plus respectable. Toujours le doigt du Pontife a touché le front de la Souveraineté naissante. Les nombreux Ecrivains qui n'ont vu dans ces rites augustes que des vues ambitieuses, et même l'accord exprès de la Superstition et de la Tyrannie, ont parlé contre la Vérité; presque tous même contre leur conscience. Ce sujet mériteroit d'être examiné. Quelquefois, les Souverains ont cherché le Sacre, et quelquefois le Sacre a cherché les Souverains. On en a vu d'autres rejeter le Sacre comme un signe de dépendance. Nous connoissons assez de faits pour être

---

Celle de la Religion chrétienne est, par cette raison, toujours chaste, toujours utile, et souvent sublime, sans que, (par un privilége particulier) il soit jamais possible de la confondre avec la Religion même. De manière que nul *Mythe* chrétien ne peut nuire, et que souvent il mérite toute l'attention de l'observateur.

en état de juger assez sainement ; mais il faudroit distinguer soigneusement les Hommes, les Temps, les Nations et les Cultes. Ici, c'est assez d'insister sur l'opinion générale et éternelle, qui appelle la Puissance divine à l'établissement des Empires.

XXXII. Les Nations les plus fameuses de l'antiquité ; les plus graves surtout et les plus sages, telles que les Egyptiens, les Etrusques, les Lacédémoniens et les Romains, avoient précisément les Constitutions les plus religieuses, et la durée des Empires a toujours été proportionnée au degré d'influence que le principe religieux avoit acquis dans la Constitution politique : *Les villes et les Nations les plus adonnées au Culte divin, ont toujours été les plus durables et les plus sages ; comme les siècles les plus religieux, ont toujours été les plus distingués par le génie.* (*)

(*) *Xénophon. Memor. Socr.* I. 4. 16.

XXXIII. Jamais les Nations n'ont été civilisées que par la Religion. Aucun autre instrument connu n'a de prise sur l'homme sauvage. Sans recourir à l'antiquité qui est très-décisive sur ce point, nous en voyons une preuve sensible en Amérique. Depuis trois siècles nous sommes-là avec nos Lois, nos Arts, nos Sciences, notre Civilisation, notre Commerce et notre Luxe : Qu'avons-nous gagné sur l'état sauvage? rien. Nous détruisons ces malheureux avec le fer et l'eau-de-vie : Nous les repoussons insensiblement dans l'intérieur des déserts, jusqu'à ce qu'enfin ils disparoissent entièrement, victimes de nos vices autant que de notre cruelle supériorité.

XXXIV. Quelque Philosophe a-t-il jamais imaginé de quitter sa Patrie et ses plaisirs pour s'en aller dans les forêts de l'Amérique à la chasse des sauvages, les dégoûter de tous les vices de la barbarie et leur donner une morale ? (*) Ils ont bien fait mieux; ils ont

---

(*) Condorcet nous a promis à la vérité que les Philosophes se chargeroient incessamment de

composé de beaux livres pour prouver que le sauvage étoit l'homme *naturel*, et que nous ne pouvions souhaiter rien de plus heureux que de lui ressembler. Condorcet a dit *que les Missionnaires n'ont porté en Asie et en Amérique que de honteuses superstitions.* (*) Rousseau a dit avec un redoublement de folie véritablement inconcevable : *Que les Missionnaires ne lui paroissoient guères plus sages que les Conquérans.* (**) Enfin leur coriphée a eu le front (mais qu'avoit-il à perdre ?) de jeter le ridicule le plus grossier sur ces pacifiques Conquérans que l'antiquité auroit divinisés. (***)

---

la Civilisation et du bonheur des Nations barbares. (*Esquisse d'un Tableau hist. des progrès de l'esprit humain.* in-8°. P. 335.) Nous attendons qu'ils veuillent bien commencer.

(*) Esquisse, etc. Ibid. p. 335.

(**) Lettre à l'Archevêque de Paris.

(***) *Eh ! mes amis, que ne restiez-vous dans votre Patrie ? Vous n'y auriez pas trouvé plus de diables, mais vous y auriez trouvé*

XXXV. Ce sont eux cependant; ce sont les Missionnaires qui ont opéré cette merveille si fort au-dessus des forces et même de la volonté humaine. Eux-seuls ont parcouru d'une extrémité à l'autre le vaste Continent de l'Amérique pour y créer des hommes. Eux-seuls ont fait ce que la Politique n'avoit pas seulement osé imaginer. Mais rien dans ce genre n'égale les missions du Paraguay : C'est là où l'on a vu d'une manière plus marquée l'autorité et la puissance exclusives de la Religion pour

---

plus de sottises. (Voltaire. Essai sur l'Esprit et les Mœurs, etc. Tom. I. Introd. in-8°. p. 157. *de la Magie.*)

Cherchez ailleurs plus de déraison, plus d'indécence; plus de mauvais goût même; vous n'y réussirez pas. C'est cependant ce livre, dont bien peu de Chapitres sont exempts de traits semblables; c'est ce *Colifichet fastueux*, que de modernes enthousiastes n'ont pas craint d'appeler, *un monument de l'esprit humain* : Sans doute; comme la Chapelle de Versailles et les Tableaux de Boucher.

la civilisation des hommes. On a vanté ce prodige, mais pas assez: L'esprit du XVIIIe. siècle est un autre esprit son complice ont eu la force d'étouffer, en partie, la voix de la justice et même celle de l'admiration. Un jour peut-être, (car on peut espérer que ces grands et nobles travaux seront repris) au sein d'une ville opulente assise sur une antique *Savane*, le Père de ces Missionnaires aura une statue. On pourra lire sur le Piédestal :

A L'OSIRIS CHRÉTIEN
dont les envoyés ont parcouru la Terre
pour arracher les hommes à la misère
à l'abrutissement et à la férocité
en leur enseignant l'agriculture
en leur donnant des lois
en leur apprenant à connoître et à servir Dieu
apprivoisant ainsi le malheureux sauvage
NON PAR LA FORCE DES ARMES
dont ils n'eurent jamais besoin
mais par la douce persuasion, les chants moraux
ET LA PUISSANCE DES HYMNES
ensorte qu'on les crut des Anges. (*)

(*) *Osiris régnant en Egypte, retira incontinent les Egyptiens de la vie indigente,*

XXXVI. Or, quand on songe que cet ordre législateur, qui régnoit au Paraguay

---

souffreteuse et sauvage; en leur enseignant à semer et à planter; en leur établissant des lois; en leur montrant à honorer et à révérer les Dieux : Et depuis, allant par-tout le monde, il l'apprivoisa aussi sans y employer aucunement la force des armes, mais attirant et gagnant la plus part des peuples, par douces persuasions et remontrances couchées en chansons, et en toute sorte de musique (πειθοῖ καὶ λόγῳ μετ' ᾠδῆς πάσης καὶ μουσικῆς) *dont les Grecs eurent opinion que c'étoit le même que Bacchus,* (*Plutarch. de Iside et Osiride.* Trad. d'Amyot. Paris. Cussac. 1802. Oeuvres Morales. Tom. V. p. 239. *Edit. Henr. Steph.* 1572. in-8°. T. I. p. 634.)

On a trouvé naguères, dans une île du fleuve Penobscot *une peuplade sauvage qui chantoit encore un grand nombre de Cantiques pieux et instructifs en indien, sur la musique de l'Eglise avec une précision qu'on trouveroit à peine dans les chœurs les mieux composés; l'un des plus beaux airs de l'Eglise de Boston, vient de ces Indiens* (qui l'avoient appris de leurs maîtres

par l'ascendant unique des vertus et des talens, sans jamais s'écarter de la plus

---

il y a plus de quarante ans) *sans que dès lors ces malheureux Indiens aient joui d'aucune espèce d'instruction.* (Merc. de France, 5 Juillet 1806. N°. 259. p. 29 et suiv.)

Le Père *Salvaterra* (beau nom de Missionnaire!) justement nommé l'*Apôtre de la Californie*, abordoit les sauvages les plus intraitables dont jamais on ait eu connoissance, sans autre arme qu'un Luth dont il jouoit supérieurement. Il se mettoit à chanter : *In voi credo o Dio mio!* etc. Hommes et femmes l'entouroient et l'écoutoient en silence. Muratori dit, en parlant de cet homme admirable : *Pare favola quella d'Orfeo; ma chi sà che non sia succeduto in simil caso?* Les Missionnaires seuls ont compris et démontré *la vérité de cette fable.* On voit même qu'ils avoient découvert l'espèce de musique digne de s'associer à ces grandes créations. « Envoyez-nous, » écrivoient-ils à leurs amis d'Europe, « envoyez-nous » les airs des grands maîtres d'Italie; *Per essere » armoniosissimi, senza tanti imbrogli di » violini obligati*, etc. » (Muratori *Christianesimo felice*, etc. Vinezia. 1752. in-8°. Cap. XII. p. 284.)

humble soumission envers l'autorité légitime même la plus égarée; que cet ordre, dis-je, venoit en même temps affronter dans nos prisons, dans nos hôpitaux, dans nos lazarets, tout ce que la misère, la maladie et le désespoir ont de plus hideux et de plus repoussant; que ces mêmes hommes, qui couroient au premier appel, se coucher sur la paille à côté de l'indigence, n'avoient pas l'air étrangers dans les cercles les plus polis; qu'ils alloient sur les échaffauds, *dire les dernières paroles* aux victimes de la justice humaine, et que de ces théâtres d'horreur, ils s'élançoient dans les chaires pour y tonner devant les Rois; (*) qu'ils tenoient le *pinceau* à la Chine, le télescope dans nos observatoires, la lyre d'Orphée au milieu des sauvages, et qu'ils avoient élevé tout le siècle de Louis XIV : Lorsqu'on songe enfin

(*) *Loquebar de testimoniis tuis in conspectu Regum ; et non confundebar.* (Ps. CXVIII. 46.) C'est l'inscription mise sous le portrait de Bourdaloue et que plusieurs de ses collègues ont méritée.

qu'une détestable coalition de Ministres pervers, de Magistrats en délire et d'ignobles sectaires, a pu, de nos jours, détruire cette merveilleuse institution et s'en applaudir, on croit voir ce fou qui mettoit glorieusement le pied sur une montre, en lui disant : *Je t'empêcherai bien de faire du bruit.* — Mais, qu'est-ce donc que je dis ? Un fou n'est pas coupable.

XXXVII. J'AI dû insister principalement sur la formation des Empires comme sur l'objet le plus important; mais toutes les institutions humaines sont soumises à la même règle, et toutes sont nulles ou dangereuses si elles ne reposent pas sur la base de toute existence. Ce principe étant incontestable, que penser d'une génération qui a tout mis en l'air, et jusqu'aux bases mêmes de l'édifice social, en rendant l'éducation purement scientifique? Il étoit impossible de se tromper d'une manière plus terrible; car tout système d'éducation qui ne repose pas sur la Religion, tombera en un clin-d'œil, ou ne versera que des poisons dans l'Etat; *la Religion étant*, comme l'a dit excellemment Bacon, *l'Aromate qui empêche la science de se corrompre.*

XXXVIII. Souvent on a demandé : *Pourquoi une Ecole de théologie dans toutes les Universités ?* La réponse est aisée : *C'est afin que les Universités subsistent et que l'enseignement ne se corrompe pas.* Primitivement elles ne furent que des Ecoles théologiques où les autres *Facultés* vinrent se réunir comme des Sujettes autour d'une Reine. L'Edifice de l'instruction publique, posé sur cette base, avoit duré jusqu'à nos jours. Ceux qui l'ont renversé chez eux, s'en repentiront long-temps inutilement. Pour brûler une ville il ne faut qu'un enfant ou un insensé; pour la rebâtir, il faut des architectes, des matériaux, des ouvriers, des millions et surtout du temps.

XXXIX. Ceux qui se sont contentés de corrompre les institutions antiques, en conservant les formes extérieures, ont peut-être fait autant de mal au genre humain. Déjà l'influence des Universités modernes sur les mœurs et l'esprit national dans une partie considérable du Continent de l'Europe est parfaitement connue. (*) Les

---

(*) Je ne me permettrai point de publier des notions qui me sont particulières, quelques précieuses qu'elles pussent être d'ailleurs ; mais je crois qu'il est loisible à chacun de réimprimer ce qui est imprimé, et de faire parler un Allemand sur l'Allemagne. Ainsi s'exprime sur les Universités de son pays un homme que personne n'accusera d'être infatué d'idées antiques.

» Toutes nos Universités d'Allemagne, même » les meilleures, ont besoin de grandes réformes » sur le chapitre des mœurs. . . . . Les meil- » leures mêmes sont un gouffre où se perdent sans » ressource, l'innocence, la santé et le bonheur » futur d'une foule de jeunes gens, et d'où » sortent des êtres ruinés de corps et d'ame plus » à charge qu'utiles à la société, etc.... Puissent » ces pages être un préservatif pour les jeunes gens ! » Puissent-ils lire sur la porte de nos Universités » l'inscription suivante : *Jeune homme ! C'est* » *ici que beaucoup de tes pareils perdirent le* » *bonheur avec l'innocence.* »

(Mr. Campe. Rec. de Voyages pour l'Instr. de la Jeunesse. in-12. T. II. p. 129.)

Universités d'Angleterre ont conservé sous ce rapport plus de réputation que les autres; peut-être parce que les Anglais savent mieux se taire ou se louer à propos : Peut-être aussi que l'esprit public, qui a une force extraordinaire dans ce pays, a su y défendre mieux qu'ailleurs ces vénérables écoles, de l'anathème général. Cependant il faut qu'elles succombent, et déjà le mauvais cœur de Gibbon nous a valu d'étranges confidences sur ce point. (*) Enfin, pour ne pas sortir des généralités,

---

(*) Voyez ses Mémoires; où, après nous avoir fait de fort belles révélations sur les Universités de son pays, il nous dit en particulier sur celle d'Oxford : *Elle peut bien me renoncer pour son fils d'aussi bon cœur que je la renonce pour mère.* Je ne doute pas que cette tendre mère, sensible, comme elle le devoit, à une telle déclaration, ne lui ait décerné une Epitaphe magnifique; LUBENS MERITO.

Le Chevalier William Jones, dans sa lettre à Mr. Anquetil, donne dans un excès contraire; mais cet excès lui fait honneur.

si l'on n'en vient pas aux anciennes maximes ; si l'Education n'est pas rendue aux Prêtres ; et si la Science n'est pas mise par-tout à la seconde place, les maux qui nous attendent sont incalculables : Nous serons abrutis par la Science, et c'est le dernier degré de l'abrutissement.

XL. Non seulement la création n'appartient point à l'homme, mais il ne paroît pas que notre puissance *non-assistée*, s'étende jusqu'à changer en mieux, les institutions établies. S'il y a quelque chose d'évident pour l'homme, c'est l'existence de deux forces opposées qui se combattent sans relâche dans l'Univers. Il n'y a rien de bon que le mal ne souille et n'altère ; il n'y a rien de mal que le bien ne comprime et n'attaque, en poussant sans cesse tout ce qui existe vers un état plus parfait. (*)

(*) Un Grec auroit dit : Πρὸς ἐπανόρθωσιν. On pourroit dire, vers la *Restitution en entier* : Expression que la philosophie peut fort bien emprunter, à la jurisprudence, et qui jouira, sous cette nouvelle

Ces deux forces sont présentes par-tout : On les voit également dans la végétation des plantes, dans la génération des animaux, dans la formation des langues, dans celle des Empires, (deux choses inséparables) etc. Le pouvoir humain ne s'étend peut-être qu'à ôter ou à combattre le mal pour en dégager le bien et lui rendre le pouvoir de germer suivant sa nature. Le célèbre Zanotti a dit : *Il est difficile de changer*

---

acception, d'une merveilleuse justesse. Quant à l'opposition et au balancement des deux forces, il suffit d'ouvrir les yeux. *Le bien est contraire au mal, et la vie à la mort..... Considérez toutes les œuvres du Très-Haut ; vous les trouverez ainsi deux à deux et opposées l'une à l'autre.* (Eccle. XXXIII. 15.)

Pour le dire en passant; c'est de là que naît la règle du *Beau-Idéal.* Rien dans la nature n'étant ce qu'il doit être, le véritable artiste; celui qui peut dire, EST DEUS IN NOBIS, a le pouvoir mystérieux de discerner les traits les moins altérés et de les assembler pour en former des touts qui n'existent que dans son entendement.

les choses en mieux. (*) Cette pensée cache un très-grand sens sous l'apparence d'une extrême simplicité. Elle s'accorde parfaitement avec une autre pensée d'*Origène* qui vaut seule un beau livre. *Rien*, dit-il, *ne peut changer en mieux parmi les hommes*, INDIVINEMENT (**) Tous les hommes ont le sentiment de cette vérité, même sans être en état de s'en rendre compte. De là cette aversion machinale de tous les bons esprits pour les innovations. Le mot de *Réforme*, en lui-même et avant tout examen, sera toujours suspect à la sagesse, et l'expérience de tous les siècles justifie cette sorte d'instinct.

(*) *Difficile est mutare in melius.* (*Zanotti*, cité dans le *Transunto della R. Accademia di Torino.* 1788. — 89. in-8°. p. 6.)

(**) ΑΘΕΕΙ : ou, si l'on veut exprimer cette pensée d'une manière plus laconique, et dégagée de toute licence grammaticale, SANS DIEU RIEN DE MIEUX. (*Orig. adv. Cels.* I. 26. Ed. Ruœi. Paris. 1733. in-fol. Tom. I. p. 345.)

On sait trop quel a été le fruit des plus belles spéculations dans ce genre. (*)

XLI. Pour appliquer ces maximes générales à un cas particulier, c'est par la seule considération de l'extrême danger des innovations fondées sur de simples théories humaines, que, sans me croire en état d'avoir un avis décidé, par voie de raisonnement, sur la grande question de la réforme parlémentaire qui agite si fort les esprits en Angleterre, et depuis si long-temps, je me sens néanmoins entraîné à croire que cette idée est funeste, et que si les Anglais s'y livrent trop vivement, ils auront à s'en repentir. *Mais*, disent les partisans de la réforme, (car c'est le grand argument) *les abus sont frappans, incontestables : or, un abus formel, un vice, peut-il être constitutionnel ?* Oui sans doute, il peut l'être ; car toute constitution politique a des défauts essentiels qui tien-

(*) *Nihil motum ex Antiquo probabile est.* Tit. Liv. xxxiv. 53.

nent à sa nature, et qu'il est impossible d'en séparer : et ce qui doit faire trembler tous les réformateurs, c'est que ces défauts peuvent changer avec les circonstances, de manière qu'en montrant qu'ils sont nouveaux, on n'a point encore montré qu'ils ne sont pas nécessaires. (*) Quel homme

---

(*) *Il faut*, dit-on, *recourir aux lois fondamentales et primitives de l'Etat qu'une coutume injuste a abolies;* et c'est un jeu pour tout perdre. *Rien ne sera juste à cette balance ; cependant le peuple prête aisément l'oreille à ces discours.* (Pascal. Pensées. Ire. Part. Art. VI. Paris. Renouard. 1803. P. 121, 122.)

On ne sauroit mieux dire ; mais voyez ce que c'est que l'homme ! L'auteur de cette observation et sa hideuse secte n'ont cessé de jouer *ce jeu infaillible pour tout perdre ;* et en effet, *le jeu* a parfaitement réussi. Voltaire, au reste, a parlé sur ce point comme Pascal : « *c'est une idée bien » vaine*, » dit-il, « *un travail bien ingrat de » vouloir tout rappeler aux usages antiques* etc. (Essai sur l'hist. gén. T. II. Chap. 85. p. 403.) Entendez-le ensuite parler des Papes ; vous verrez comme il se rappelle sa maxime.

sensé ne frémira donc pas en mettant la main à l'œuvre? L'harmonie sociale est sujette à la loi du *tempérament*, comme l'harmonie proprement dite, *dans le clavier général*. Accordez rigoureusement les *quintes*, les *octaves* jureront, et réciproquement. La dissonance étant donc inévitable; au lieu de la chasser, ce qui est impossible, il faut la *tempérer* en la distribuant. Ainsi, de part et d'autre, *le défaut est un élément de la perfection possible.* Dans cette proposition il n'y a que la forme de paradoxale. *Mais*, dira-t-on peut-être encore, *où est la règle pour discerner le défaut accidentel, de celui qui tient à la nature des choses et qu'il est impossible d'éliminer?* — Les hommes à qui la nature n'a donné que des oreilles, font de ces sortes de questions; et ceux qui ont de l'oreille haussent les épaules.

XLII. Il faut encore bien prendre garde lorsqu'il est question d'abus, de ne juger les institutions politiques que par leurs effets constans, et jamais par leurs causes quelconques qui ne signifient rien (*) moins encore par certains inconvéniens collatéraux (s'il est permis de s'exprimer ainsi,) qui s'emparent aisément des vues foibles et les empêchent de voir l'ensemble. En effet ; la cause, suivant l'hypothèse qui paroît prouvée, ne devant avoir aucun rapport logique avec l'effet ; et les inconvéniens d'une institution bonne en soi n'étant comme je le disois tout-à-l'heure qu'*une dissonance inévitable dans le clavier général*, comment les institutions pourroient-elles être jugées sur les causes et sur les inconvéniens? Voltaire qui parla de tout pendant un siècle sans avoir jamais percé une surface, (**) a fait

---

(*) Du moins, par rapport au mérite de l'institution ; car, sous d'autres points de vue, il peut-être très-important de s'en occuper.

(**) Le Dante disoit à Virgile, en lui faisant, il faut l'avouer, un peu trop d'honneur ; *Maestro di color che sanno. — Parini*, quoiqu'il eut la tête absolument gâtée, a cependant eu le courage de dire à Voltaire, en parodiant le Dante : *Sei Maestro. — Di coloro che credon di sapere.* (Il Mattino.) — Le mot est juste.

un plaisant raisonnement sur la vente des offices de magistrature qui avoit lieu en France; et nul exemple, peut-être, ne seroit plus propre à faire sentir la vérité de la théorie que j'expose. *La preuve*, dit-il, *que cette vente est un abus, c'est qu'elle ne fut produite que par un autre abus.* (*) Voltaire ne se trompe point ici comme tout homme est sujet à se tromper. Il se trompe honteusement. C'est une éclipse centrale de sens commun. *Tout ce qui nait d'un abus est un abus !* Au contraire; c'est une des lois les plus générales et les plus évidentes de cette force à la fois cachée et frappante qui opère et se fait sentir de tout côté, que le remède de l'abus naît de l'abus, et que le mal, arrivé à un certain point, s'égorge lui-même, et cela doit être; car le mal qui n'est qu'une négation a, pour mesures de dimensions et de durée, celles de l'être auquel il s'est attaché et qu'il dévore. Il existe comme le chancre qui ne peut achever qu'en s'achevant. Mais alors une

---

(*) Précis du siècle de Louis XV. Chap. 42.

nouvelle réalité se précipite nécessairement à la place de celle qui vient de disparoître ; *car la nature a horreur du vide*, et le Bien. . . . . Mais je m'éloigne trop de Voltaire.

XLIII. L'ERREUR de cet homme venoit de ce que ce grand écrivain *partagé entre vingt sciences*, comme il l'a dit lui-même quelque part, et constamment occupé d'ailleurs à instruire l'Univers, n'avoit que bien rarement le temps de penser. « Une cour voluptueuse et dissi- » patrice réduite aux abois par ses dilapi- » dations, imagine de vendre les offices » de magistrature, et crée ainsi. (ce qu'elle n'auroit jamais fait librement et avec connoissance de cause) « Elle crée, » dis-je, » une magistrature riche , inamovible » et indépendante ; de manière que la » puissance infinie *qui se joue dans l'U-* » *nivers* (*) se sert de la corruption pour » créer des tribunaux incorruptibles »

(*) *Ludens in orbe Terrarum*. Prov. VIII. 31.

(autant que le permet la foiblesse humaine) Il n'y a rien en vérité de si plausible pour l'œil du véritable philosophe; rien de plus conforme aux grandes analogies et à cette loi incontestable qui veut que les institutions les plus importantes ne soient jamais le résultat d'une délibération, mais celui des circonstances. Voici le problême presque résolu quand il est posé, comme il arrive à tous les problêmes. *Un pays tel que la France pouvoit-il être jugé mieux que par des Magistrats héréditaires?* Si l'on se décide pour l'affirmative, ce que je suppose, il faudra tout de suite proposer un second problême que voici : *La magistrature devant être héréditaire, y a-t-il, pour la constituer d'abord, et ensuite pour la recruter, un mode plus avantageux que celui qui jette des millions au plus bas prix dans les coffres du Souverain, et qui certifie en même temps, la richesse, l'indépendance, et même la noblesse* (quelconque) *des Juges supérieurs?* Si l'on ne considère la vénalité que comme moyen d'hérédité, tout esprit juste est frappé de ce point de vue qui est le vrai. Ce n'est point ici le lieu d'approfondir la question; mais c'en est assez pour prouver que Voltaire ne l'a pas seulement aperçue.

XLIV. Supposons maintenant à la tête des affaires, un homme tel que lui, réunissant par un heureux accord la légèreté, l'incapacité et la témérité : il ne manquera pas d'agir suivant ses folles théories de lois et d'abus. Il empruntera au denier quinze pour rembourser des titulaires, créanciers au denier cinquante : il préparera les esprits par une foule d'écrits payés, qui insulteront la magistrature et lui ôteront la confiance publique. Bientôt la protection, mille fois plus sotte que le hazard, ouvrira la liste éternelle de ses bévues : l'homme distingué, ne voyant plus dans l'hérédité un contrepoids à d'accablans travaux, s'écartera sans retour; et les grands tribunaux seront livrés à des aventuriers sans nom, sans fortune et sans considération; au lieu de cette magistrature vénérable en qui la vertu et la science étoient devenues héréditaires comme ses dignités, véritable sacerdoce que les Nations étrangères ont pu envier à la France jusqu'au moment où le philosophisme, ayant exclu la sagesse de tous les lieux qu'elle hantoit, termina de si beaux exploits par la chasser de chez elle.

XLV. Telle est l'image naturelle de la plûpart des réformes; car, non seulement la création n'appartient point à l'homme, mais la réformation même ne lui appartient que d'une manière secondaire et avec une foule de restrictions terribles. En partant de ces principes incontestables, chaque homme peut juger les institutions de son pays avec une certitude parfaite. Il peut surtout apprécier tous ces *Créateurs*, ces *Législateurs*, ces *Restaurateurs* des Nations, si chers au XVIIIe. siècle, et que la Postérité regardera avec pitié, peut-être même avec horreur. On a bâti des châteaux de cartes en Europe et hors de l'Europe. Les détails seroient odieux; mais certainement on ne manque de respect à personne en priant simplement les hommes de regarder et de juger au moins par l'événement, s'ils s'obstinent à refuser tout autre genre d'instruction. L'homme, en rapport avec son Créateur, est sublime et son action est créatrice : au contraire, dès qu'il se sépare de Dieu et qu'il agit seul, il ne cesse pas d'être puissant, car c'est un privilége de sa nature; mais son action est négative et n'aboutit qu'à détruire.

XLVI. Il n'y a pas dans l'histoire de tous les siècles un seul fait qui contredise ces maximes. Aucune institution humaine ne peut durer si elle n'est supportée par la main qui supporte tout; c'est-à-dire, si elle ne lui est spécialement consacrée dans son origine. Plus elle sera pénétrée par le principe divin et plus elle sera durable. Etrange aveuglement des hommes de notre siècle! Ils se vantent de leurs lumières et ils ignorent tout, puisqu'ils s'ignorent eux-mêmes. Ils ne savent ni ce qu'ils sont ni ce qu'ils peuvent. Un orgueil indomptable les porte sans cesse à renverser tout ce qu'ils n'ont pas fait; et pour opérer de nouvelles créations, ils se séparent du principe de toute existence. Jean-Jacques Rousseau lui-même a cependant fort bien dit : *Homme petit et vain, montre-moi ta puissance, je te montrerai ta foiblesse.* On pourroit dire encore avec autant de vérité et plus de profit : *Homme petit et vain ! Confesse-moi ta foiblesse, je te montrerai ta puissance.* En effet, dès que l'homme a reconnu sa nullité, il a fait un grand pas, car il est bien près de chercher un appui avec lequel il peut tout. C'est précisément le contraire de ce qu'a fait le siècle qui vient de finir. (Hélas ! il n'a fini que dans nos almanachs.) Examinez toutes ses entreprises, toutes ses institutions quelconques, vous le verrez constamment appliqué à les séparer de la Divinité. L'homme s'est cru un être indépendant, et il a professé un véritable athéisme pratique plus dangereux, peut-être, et plus coupable que celui de théorie.

XLVII. Distrait par ses vaines sciences de la seule science qui l'intéresse réellement, il a cru qu'il avoit le pouvoir de *créer*, tandis qu'il n'a pas seulement celui de *nommer* : Il a cru, lui qui n'a pas seulement le pouvoir de produire un insecte ou un brin de mousse, qu'il étoit l'auteur immédiat de la Souveraineté, la chose la plus importante, la plus sacrée, la plus fondamentale du monde moral et politique. (*) Et qu'une telle famille, par exemple, règne parce qu'un tel peuple l'a voulu ; tandis qu'il est environné de preuves incontestables que toute famille souveraine règne parce qu'elle est choisie par un pouvoir supérieur. S'il ne voit pas ces preuves, c'est qu'il ferme les yeux, ou qu'il regarde de trop près. Il a cru que c'est lui qui avoit inventé les langues, tandis qu'il ne tient encore qu'à lui de voir que toute langue humaine est *apprise* et jamais *inventée*, et que nulle hypothèse imaginable dans le cercle de la puissance humaine, ne peut expliquer avec la moindre apparence de probabilité, ni la formation, ni la diversité des langues. Il a cru qu'il pouvoit constituer les Nations; c'est-à-dire, en d'autres termes, *qu'il pouvoit créer cette unité nationale en*

(*) Le principe que tout pouvoir légitime part du peuple est noble et spécieux en lui-même ; cependant il est démenti par tout le poids de l'histoire et de l'expérience. (*Hume. Hist. d'Anglet. Charles I. Ch.* 59. *Ann.* 1642. *Edit. angl. de Bâle.* 1789. *in*-8°. *p.* 120.)

vertu de laquelle une nation n'est pas une autre. Enfin, il a crù que, puisqu'il avoit le pouvoir de créer des institutions, il avoit à plus forte raison celui de les emprunter aux Nations, et de les transporter chez lui toutes faites, avec le nom qu'elles portoient chez ces peuples, pour en jouir comme eux avec les mêmes avantages. Les papiers français me fournissent sur ce point un exemple singulier.

XLVIII. Il y a quelques années que les Français s'avisèrent d'établir à Paris, certaines courses qu'on appela sérieusement dans quelques écrits du jour, *Jeux Olympiques.* Le raisonnement de ceux qui inventèrent ou renouvelèrent ce beau nom, n'étoit pas compliqué. *On couroit*, se dirent-ils, *à pied et à cheval sur les bords de* l'Alphée; *on court à pied et à cheval sur les bords de la* Seine : *Donc c'est la même chose.* Rien de plus *simple :* mais, sans leur demander pourquoi ils n'avoient pas imaginé d'appeler ces Jeux, *Parisiens*, au lieu de les appeler *Olympiques*, il y auroit bien d'autres observations à faire. Pour instituer les Jeux

Olympiques, on consulta les Oracles : Les Dieux et les Héros s'en mêlèrent ; on ne les commençoit jamais sans avoir fait des sacrifices et d'autres cérémonies religieuses ; on les regardoit comme les grands Comices de la Grèce, et rien n'étoit plus auguste. Mais les Parisiens, avant d'établir leurs courses *renouvelées des Grecs*, allèrent-ils à Rome *ad limina apostolorum*, pour consulter le Pape ? Avant de lancer leurs casse-cous, pour amuser des boutiquiers, faisoient-ils chanter la Grand'-Messe ? A quelle grande vue politique avoient-ils su associer ces courses ? Comment s'appeloient les Instituteurs ? — Mais c'en est trop : le bon sens le plus ordinaire sent d'abord le néant et même le ridicule de cette imitation.

XLIX. Cependant, dans un Journal écrit par des hommes d'esprit, qui n'avoient d'autre tort ou d'autre malheur que celui de professer les doctrines modernes, on écrivoit, il y a quelques années, au sujet de ces courses, le passage suivant dicté par l'enthousiasme le plus divertissant :

Je le prédis : Les Jeux Olympiques *des Français, attireront un jour l'Europe au Champ-de-Mars. Qu'ils ont l'ame froide et peu susceptible d'émotion ceux qui ne voient ici que des courses? Moi, j'y vois un spectacle tel que jamais l'Univers n'en a offert de pareil, depuis ceux de l'Elide où la Grèce étoit en spectacle à la Grèce. Non, les Cirques des Romains, les Tournois de notre Ancienne Chevalerie n'en approchoient pas.* (*)

Et moi, je *crois*, et même je *sais* que nulle institution humaine n'est durable si

---

(*) *Décade Philosophique.* Octob. 1797. N°. I. p. 31. (1809.) Ce passage rapproché de sa date, a le double mérite d'être éminemment plaisant et de faire penser. On y voit de quelles idées se berçoient alors ces enfans, et ce qu'ils savoient sur ce que l'homme doit savoir avant tout. Dès lors, un nouvel ordre de choses a suffisamment réfuté ces belles imaginations; *et si toute l'Europe est aujourd'hui attirée à Paris*, ce n'est pas certainement pour y voir *les Jeux Olympiques.* (1814.)

elle n'a une base religieuse; *et de plus*, (je prie qu'on fasse bien attention à ceci) *si elle ne porte un nom pris dans la langue nationale, et né de lui-même sans aucune délibération antérieure et connue.*

L. La théorie des noms est encore un objet de grande importance. Les noms ne sont nullement arbitraires, comme l'ont affirmé tant d'hommes *qui avoient perdu leurs noms*. Dieu s'appelle : *Je suis*; et toute créature s'appelle : *Je suis cela*. Le nom d'un être spirituel étant nécessairement relatif à son action qui est sa qualité distinctive, delà vint que, parmi les Anciens, le plus grand honneur pour une Divinité, étoit la *Polyonymie*, c'est-à-dire, la *Pluralité des noms* qui annonçoit celle des fonctions, ou l'étendue de la puissance. L'antique Mythologie nous montre Diane, encore enfant, demandant cet honneur à Jupiter ; et dans les vers attribués à Orphée, elle est complimentée sous le nom de *Démon Polyonyme*.

(Génie à plusieurs noms.) (*) Ce qui veut dire au fond, que Dieu seul a droit de donner un *nom*. En effet, il a tout *nommé*, puisqu'il a tout créé. Il a donné des noms aux étoiles; (**) il en a donné aux esprits, et de ces derniers noms l'Écriture n'en prononce que trois ; mais tous les trois relatifs à la destination de ces Ministres. Il en est de même des hommes que Dieu a voulu nommer lui-même et que l'Écriture nous a fait connoître en assez grand nombre : Toujours les noms sont relatifs aux fonctions. (***) N'a-t-il pas dit

---

(*) Voyez la note de Spanheim, sur le VIIe vers de l'Hymne à Diane, de Callimaque. *Lanzi. Saggio di Letteratura Etrusca*, etc. in-8°. Tom. II. p. 241. Note. Les Hymnes d'Homère ne sont au fond que des collections d'épithètes; ce qui tient au même principe de la *Polyonymie*.

(**) Isaïe. XL. 26.

(***) Qu'on se rappelle le plus grand nom donné divinement et directement à un homme. La raison du nom fut donnée dans ce cas avec le nom; et le nom exprime précisément la destination; ou, ce qui revient au même, le pouvoir.

que dans son Royaume à venir, il donneroit aux vainqueurs UN NOM NOUVEAU (*) proportionné à leurs *exploits?* et les hommes, *faits à l'image de Dieu*, ont-ils trouvé une manière plus solennelle de récompenser les vainqueurs que celle de leur donner un *nouveau nom*, le plus honorable de tous, au jugement des hommes, celui des nations vaincues? (**) Toutes les fois que l'homme est censé changer de vie, et recevoir un nouveau caractère, assez communément il reçoit un *nouveau nom*. Cela se voit dans le Baptême, dans la Confirmation, dans l'enrôlement des Soldats, dans l'entrée en Religion, dans l'affranchissement des esclaves, etc. En un mot, le *nom* de tout

---

(*) Apoc. III. 12.

(**) Cette observation a été faite par l'auteur anonyme, mais très-connu, du livre allemand intitulé : *Die Siegsgeschichte der christlichen Religion, in einer gemeinnützigen Erklärung der Offenbarung* Johannis. in-8°. Nuremberg. 1799. page 89. Il n'y a rien à dire contre cette page.

être exprime ce qu'il est, et dans ce genre il n'y a rien d'arbitraire. L'expression vulgaire ; *il a un nom ; il n'a point de nom*, est très-juste et très-expressive ; aucun homme ne pouvant être rangé parmi ceux qu'*on appelle aux assemblées et qui ont un nom* (*) si sa famille n'est marquée du signe qui la distingue des autres.

LI. Il en est des Nations comme des individus : Il y en a *qui n'ont point de nom*. Hérodote observe que les Thraces seroient le peuple le plus puissant de l'Univers s'ils étoient unis : *Mais*, ajoute-t-il, *cette union est impossible ; car ils ont tous un nom différent.* (**) C'est une très-bonne observation. Il y a aussi des peuples modernes *qui n'ont point de nom*, et il y en a d'autres qui en ont plusieurs ; mais la *Polyonymie* est aussi malheureuse pour les Nations qu'on a pu la croire honorable pour les *Génies*.

(*) Num. XVI. 2.

(**) Hérod. Terpsic. V. 7.

LII. Les noms n'ayant donc rien d'arbitraire, et leur origine tenant, comme toutes les choses, plus ou moins immédiatement à Dieu, il ne faut pas croire que l'homme ait droit de nommer, sans restriction, même celles dont il a quelque droit de se regarder comme l'auteur, et de leur imposer des noms suivant l'idée qu'il s'en forme. Dieu s'est réservé à cet égard une espèce de juridiction immédiate qu'il est impossible de méconnoître. (*) *O mon cher* Hermogène ! *C'est une grande chose que l'imposition des noms, et qui ne peut appartenir ni à l'homme mauvais, ni même à l'homme vulgaire... Ce droit n'appartient qu'à un Créateur de noms,* (onomaturge) *c'est-à-dire, à ce qui semble, au seul Législateur; mais de tous les Créateurs humains le plus rare, c'est un Législateur.* (**)

(*) *Orig. adv. Cels.* I. 18. 24. p. 341. *et in exhort. ad. Martyr.* N°. 46. *et in not. Edit. Ruœi.* in-fol. T. I. p. 305. 341.

(**) *Plato. in Crat.* Opp. T. III. p. 244.

LIII. Cependant l'homme n'aime rien tant que de nommer. C'est ce qu'il fait, par exemple, lorsqu'il applique aux choses des épithètes significatives ; talent qui distingue le grand écrivain et surtout le grand poëte. L'heureuse imposition d'une épithète, illustre un substantif qui devient célèbre sous ce nouveau signe. (*) Les exemples se trouvent dans toutes les langues ; mais, pour nous en tenir à celle de ce peuple qui a lui-même un si grand nom, puisqu'il l'a donné à la *Franchise* ou que la *Franchise* l'a reçu de lui, quel homme lettré ignore l'*avare Achéron*, *les Coursiers attentifs*, *le Lit effronté*, *les Timides supplications*, *le Frémissement*

(*) « *De manière*, » comme l'a observé Denys d'Halicarnasse, que « si l'Epithète est *distinctive* » et *naturelle*, (οἰκεία καὶ προσφυὴς) elle pèse » dans le discours autant qu'un nom. » (*de la poésie d'Homère, Chap.* 6.) On peut même dire, dans un certain sens, qu'elle vaut mieux, puisqu'elle a le mérite de la création sans avoir le tort du néologisme.

argenté, *le Destructeur rapide*, *les Pales adulateurs*, etc. ? (*) Jamais l'homme n'oubliera ses droits primitifs : on peut dire même, dans un certain sens, qu'il les exercera toujours; mais combien sa dégradation les a restreints! Voici une Loi vraie comme Dieu qui l'a faite.

Il est défendu à l'homme de donner de grands noms aux choses dont il est l'auteur et qu'il croit grandes : mais s'il a opéré légitimement, le nom vulgaire de la chose sera ennobli par elle et deviendra grand.

LIV. Qu'il s'agisse de créations matérielles ou politiques, la règle est la même. Il n'y a rien, par exemple, de plus connu dans l'histoire grecque que le mot de *Céramique* : Athènes n'en connut pas de plus auguste. Long-temps après qu'elle eut perdu ses grands hommes et son existence politique, Atticus étant à Athènes,

(*) Je ne me rappelle aucune épithète illustre de Voltaire, c'est peut-être de ma part pur défaut de mémoire.

écrivoit avec prétention, à son illustre ami : *Me trouvant l'autre jour dans le Céramique*, etc., et Cicéron l'en badinoit dans sa réponse. (*) Que signifie cependant en lui-même ce mot si célèbre ? *Tuilerie* (**) il n'y a rien de plus vulgaire ; mais la cendre des héros mêlée à cette terre, l'avoit consacrée, et la terre avoit consacré le nom. Il est assez singulier qu'à une si grande distance de temps et de lieux, ce même mot de TUILERIES, fameux jadis comme nom d'un lieu de sépulture, ait été de nouveau illustré sous celui d'un Palais. La Puissance qui venoit habiter les *Tuileries*, ne s'avisa pas de leur donner quelque nom imposant qui eut une certaine proportion avec elle. Si elle eut commis cette faute, il n'y avoit pas de raison pour que, le lendemain, ce lieu ne fut habité par des filoux et par des filles.

(*) Voilà pour répondre à votre phrase : *Me trouvant l'autre jour dans le Céramique*, etc. (Cic. ad. Att. II. 6.)

(**) Avec une certaine latitude qui renferme encore l'idée de *Potterie*.

LV. Une autre raison, qui a son prix quoiqu'elle soit tirée de moins haut, doit nous engager encore à nous défier de tout nom pompeux imposé *à priori*. C'est que la conscience de l'homme l'avertissant presque toujours du vice de l'ouvrage qu'il vient de produire, l'orgueil révolté, qui ne peut se tromper lui-même, cherche au moins à tromper les autres, en inventant un nom honorable qui suppose précisément le mérite contraire ; de manière que ce nom, au lieu de témoigner réellement l'excellence de l'ouvrage, est une véritable confession du vice qui le distingue. Le dix-huitième siècle, si riche en tout ce qu'on peut imaginer de faux et de ridicule, a fourni sur ce point, une foule d'exemples curieux dans les titres des livres, les Epigraphes, les Inscriptions et autres choses de ce genre. Ainsi, par exemple, si vous lisez à la tête de l'un des principaux ouvrages de ce siècle :

Tantum series juncturaque pollet !
Tantum de medio sumptis accedit honoris !

Effacez la présomptueuse Epigraphe et

substituez hardiment, avant même d'avoir ouvert le livre, et sans la moindre crainte d'être injuste :

Rudis indigestaque moles ;
Non bene junctarum discordia semina rerum.

En effet, le cahos est l'image de ce livre, et l'épigraphe exprime éminemment ce qui manque éminemment à l'ouvrage. Si vous lisez à la tête d'un autre livre : *Histoire Philosophique et Politique*, vous savez avant d'avoir lu l'histoire annoncée sous ce titre, qu'elle n'est ni *philosophique* ni *politique ;* et vous saurez de plus après l'avoir lue que c'est l'œuvre d'un phrénétique. Un homme ose-t-il écrire au-dessous de son propre portrait; *vitam impendere vero ?* Gagez sans information que c'est le portrait d'un menteur; et lui-même vous l'avouera, un jour qu'il lui prendra fantaisie de dire la vérité. Peut-on lire sous un autre portrait : *Postgenitis hic carus erit, nunc carus amicis*, sans se rappeler sur-le-champ ce vers si heureusement emprunté à l'original même pour le peindre d'une manière un peu différente :

J'eus des adorateurs et n'eus pas un ami ? Et en effet, jamais peut-être il n'exista d'homme, dans la classe des gens de lettres, moins fait pour sentir l'amitié, et moins digne de l'inspirer, etc. etc. Des ouvrages et des entreprises d'un autre genre prêtent à la même observation : Ainsi, par exemple, si la musique, chez une nation célèbre, devient tout-à-coup une affaire d'état ; si l'esprit du siècle, aveugle sur tous les points, accorde à cet art une fausse importance et une fausse protection bien différente de celle dont il auroit besoin ; si l'on élève enfin un temple à la Musique, sous le nom sonore et antique d'ODÉON ; c'est une preuve infaillible que l'art est en décadence, et personne ne doit être surpris d'entendre dans ce pays, un critique célèbre avouer, bientôt après, en style assez vigoureux, que rien n'empêche d'écrire dans le fronton du Temple : CHAMBRE A LOUER. (*)

(*) Il s'en faut bien que les mêmes morceaux exécutés à l'*Odéon*, produisent en moi la même

LVI. Mais, comme je l'ai dit, tout ceci n'est qu'une observation du second ordre: Revenons au principe général : *Que l'homme n'a pas, ou n'a plus le droit de nommer les choses;* (du moins dans le sens que j'ai expliqué) Que l'on y fasse bien attention; les noms les plus respec-

---

sensation que j'éprouvois à l'ancien *Théâtre de Musique*, où je les entendois avec ravissement. Nos artistes ont perdu la tradition de ce chef-d'œuvre, (le *Stabat* de Pergolèse) il est écrit pour eux en langue étrangère; ils en disent les notes sans en connoître l'esprit : Leur exécution est à la glace; dénuée d'ame, de sentiment et d'expression. L'Orchestre lui-même joue machinalement, et avec une foiblesse qui tue l'effet..... L'ancienne Musique (*Laquelle?*) est la rivale de la plus haute poésie; la nôtre n'est que la rivale du ramage des oiseaux. Que nos virtuoses modernes cessent donc..... de déshonorer des compositions sublimes..... qu'ils ne se jouent plus (surtout) à Pergolèse : il est trop fort pour eux.

(Journal de l'Empire. 28 Mars 1812.)

tables, ont, dans toutes les langues, une origine vulgaire. Jamais le nom n'est proportionné à la chose ; toujours la chose illustre le nom. Il faut que le nom *germe*, pour ainsi dire, sans quoi il est faux. Que signifie le mot *Trône* dans l'origine ? *Siège*, ou même *Escabelle.* Que signifie *Sceptre?* un Bâton pour s'appuyer. (*)

(*) Au second livre de l'Iliade, Ulysse veut empêcher les Grecs de renoncer lâchement à leur entreprise. S'il rencontre au milieu du tumulte excité par les mécontens, un Roi ou un Noble, il lui adresse de douces paroles, pour le persuader ; mais s'il trouve sous sa main un *homme du peuple* (δήμου ἄνδρα), Gallicisme remarquable) il le rosse *à grands coups de sceptre.* (Iliad. II. 198. 199.)

On fit jadis un crime à Socrate de s'être emparé des vers qu'Ulysse prononce dans cette occasion, et de les avoir cités pour prouver au peuple qu'il ne sait rien et qu'il n'est rien. (*Xenoph. Memor. Socr.* I. 2. 20.)

Pindare peut encore être cité pour l'histoire du Sceptre, à l'endroit où il nous raconte l'anecdocte de cet ancien Roi de Rhodes qui assomma

Mais le *Bâton* des Rois fut bientôt distingué de tous les autres, et ce nom, sous sa *nouvelle* signification, subsiste depuis trois mille ans. Qu'y a-t-il de plus noble dans la littérature et de plus humble dans son origine que le mot *Tragédie?* et le nom presque fétide de *Drapeau*, soulevé et ennobli par la lance des Guerriers, quelle fortune n'a-t-il pas fait dans notre langue? une foule d'autres noms viennent plus ou moins à l'appui du même principe, tels que ceux-ci, par exemple : *Sénat*, *Dictateur*, *Consul*, *Empereur*, *Eglise*, *Cardinal*, *Maréchal*, etc. Terminons par ceux de *Connétable* et de *Chancelier* donnés à deux éminentes dignités des temps modernes : Le premier ne signifie dans l'origine que *le Chef de l'Ecurie* (*)

---

son beau-frère, sur la place, en le frappant, dans un instant de vivacité et sans mauvaise intention, *avec un Sceptre qui se trouva malheureusement fait d'un bois trop dur.* (Olymp. VII. v. 49 — 53.) Belle leçon pour alléger les Sceptres !

(*) *Connétable*, n'est qu'une contraction gau-

et le second, *l'homme qui se tient derrière une grille* (pour n'être pas accablé par la foule des supplians.)

LVII. Il y a donc deux règles infaillibles pour juger toutes les créations humaines, de quelque genre qu'elles soient, la *Base* et le *Nom;* et ces deux règles bien entendues, dispensent de toute application odieuse. Si la base est purement humaine, l'édifice ne peut tenir; et plus il y aura d'hommes qui s'en seront mêlés, plus ils y auront mis de délibération, de science, d'*écriture surtout:* enfin, de moyens humains de tous les genres, et plus l'institution sera fragile. C'est principalement par cette règle, qu'il faut juger tout ce qui a été entrepris par des Souverains ou par des assemblées d'hommes pour la civilisation, l'institution ou la régénération des peuples.

---

loise de Comes stabuli; le *Compagnon*, ou *le Ministre du Prince au Département des Ecuries.*

LVIII. Par la raison contraire, plus l'institution est divine dans ses bases et plus elle est durable. Il est bon même d'observer, pour plus de clarté, que le principe religieux est, par essence, créateur et conservateur, de deux manières. En premier lieu, comme il agit plus fortement que tout autre sur l'esprit humain, il en obtient des efforts prodigieux. Ainsi, par exemple, l'homme persuadé par ses dogmes religieux que c'est un grand avantage pour lui, qu'après sa mort, son corps soit conservé dans toute l'intégrité possible, sans qu'aucune main indiscrète ou profanatrice puisse en approcher; cet homme, dis-je, après avoir épuisé l'art des embaumemens, finira par construire les Pyramides d'Egypte. En second lieu, le principe religieux déjà si fort parce qu'il opère, l'est encore infiniment parce qu'il empêche, à raison du respect dont il entoure tout ce qu'il prend sous sa protection. Si un simple caillou est consacré il y a tout de suite une raison pour qu'il échappe aux mains qui pourroient l'égarer ou le dénaturer. La Terre est couverte des preuves de cette vérité. *Les vases Etrusques*, par exemple, *conservés par la religion des tombeaux, sont parvenus jusqu'à nous, malgré leur fragilité, en plus grand nombre que les monumens de marbre et de bronze des mêmes époques.* (*) Voulez-vous donc *conserver* tout; *dédiez* tout.

LIX. La seconde règle qui est celle des noms, n'est, je crois, ni moins claire ni moins décisive que la précédente. Si le nom est imposé par une assemblée; s'il est établi par une délibération antécédente, ensorte qu'il précède la chose : Si le nom est pompeux, (**) s'il a une proportion

---

(*) Mercure de France. 17 Juin 1809. N°. 413. Page 679.

(**) Ainsi, par exemple, si un homme, autre qu'un Souverain, se nomme lui-même *Législateur*, c'est une preuve certaine qu'il ne l'est pas; et si une assemblée ose se nommer *Législatrice*, non-seulement c'est une preuve qu'elle ne l'est pas, mais c'est une preuve qu'elle a perdu l'esprit et que dans peu elle sera livrée aux risées de l'Univers.

grammaticale avec l'objet qu'il doit représenter; enfin, s'il est tiré d'une langue étrangère, et surtout d'une langue antique, tous les caractères de nullité se trouvent réunis, et l'on peut être sûr que le nom et la chose disparoîtront en très-peu de temps. Les suppositions contraires annoncent la légitimité, et par conséquent, la durée de l'institution. Il faut bien se garder de passer légèrement sur cet objet. Jamais un véritable philosophe ne doit perdre de vue la langue, véritable baromètre dont les variations annoncent infailliblement *le bon et le mauvais temps*. Pour m'en tenir au sujet que je traite dans ce moment, il est certain que l'introduction démesurée des mots étrangers, appliqués surtout aux institutions nationales de tout genre, est un des signes les plus infaillibles de la dégradation morale d'un peuple.

LX. Si la formation de tous les empires, les progrès de la civilisation et le concert unanime de toutes les histoires et de toutes les traditions ne suffisoient point encore pour nous convaincre, la mort des empires acheveroit la démonstration commencée par leur naissance. Comme c'est le principe religieux qui a tout créé, c'est l'absence de ce même principe qui a tout détruit. La secte d'Epicure qu'on pourroit appeler l'*incrédulité antique* dégrada d'abord, et détruisit bientôt tous les gouvernemens qui eurent le malheur de lui donner entrée. Partout *Lucrèce* annonça *César*.

Mais toutes les expériences passées disparoissent devant l'exemple épouvantable donné par le dernier siècle. Encore enivrés de ses vapeurs, il s'en faut de beaucoup que les hommes, du moins en général, soient assez de sang-froid pour contempler cet exemple dans son vrai jour; et surtout pour en tirer les conséquences nécessaires : il est donc bien essentiel de diriger tous les regards sur cette scène terrible.

LXI. Toujours il y a eu des religions sur la Terre et toujours il y a eu des impies qui les ont combattues : Toujours aussi l'impiété fut un crime ; car comme il ne peut y avoir de religion fausse sans aucun mélange de vrai, il ne peut y avoir d'impiété qui ne combatte quelque vérité divine plus ou moins défigurée; *mais il ne peut y avoir de véritable impiété qu'au sein de la véritable Religion;* et, par une conséquence nécessaire, jamais l'impiété n'a pu produire dans les temps passés, les maux qu'elle a produits de nos jours; car elle est toujours coupable en raison des lumières qui l'environnent. C'est sur cette règle qu'il faut juger le XVIIIme. siècle; car c'est sous ce point de vue qu'il ne ressemble à aucun autre. On entend dire assez communément *que tous les siècles se ressemblent, et que tous les hommes ont toujours été les mêmes;* mais il faut bien se garder de croire à ces maximes générales que la paresse ou la légèreté inventent pour se dispenser de réfléchir. Tous les siècles, au contraire, et toutes les nations manifestent un caractère particulier et distinctif qu'il faut considérer soigneusement. Sans doute il y a toujours eu des vices dans le monde; mais ces vices peuvent différer en quantité, en nature, en qualité dominante et en intensité. (*) Or, quoiqu'il y ait toujours eu des impies, jamais il n'y avoit eu avant le XVIIIme. siècle, et au sein du Christianisme, *une insurrection contre Dieu.* Jamais surtout on n'avoit vu une conjuration sacrilége de tous les talens contre leur auteur : or, c'est ce que nous avons vu de nos jours. Le Vaudeville a blasphémé comme la Tragédie; et le Roman comme l'Histoire et la Physique. Les hommes de ce siècle ont prostitué le génie à l'irréligion, et suivant l'expression admirable de Saint-Louis mourant, ILS ONT GUERROYÉ DIEU DE SES DONS. (**) L'impiété antique ne se fâche jamais ; quelquefois elle

---

(*) Il faut encore avoir égard au mélange des vertus dont la proportion varie infiniment. Lorsqu'on a montré les mêmes genres d'excès en temps et lieux différens, on se croit en droit de conclure magistralement *que les hommes ont toujours été les mêmes :* Il n'y a pas de sophisme plus grossier, ni plus commun.

(**) Joinville dans la collection des mémoires relatifs à l'histoire de France. in-8°. Tom. II. p. 160.

raisonne ; ordinairement elle plaisante, mais toujours sans aigreur. Lucrèce même ne va guère jusqu'à l'insulte ; et quoique son tempérament sombre et mélancolique le portât à voir les choses en noir, même lorsqu'il accuse la religion d'avoir produit de grands maux, il est de sang-froid. Les religions antiques ne valoient pas la peine que l'incrédulité contemporaine se fâchât contre elles.

LXII. Lorsque la *bonne nouvelle* fut publiée dans l'Univers, l'attaque devint plus violente : cependant ses ennemis gardèrent toujours une certaine mesure. Ils ne se montrent dans l'histoire que de loin en loin et constamment isolés. Jamais on ne voit de réunion ou de ligue formelle ; jamais ils ne se livrent à la fureur dont nous avons été les témoins. Bayle même, le père de l'incrédulité moderne, ne ressemble point à ses successeurs. Dans ses écarts les plus condamnables on ne lui trouve point une grande envie de persuader ; encore moins le ton de l'irritation ou de l'esprit de parti : il nie moins qu'il ne doute ; il dit le pour et le contre : souvent même il est plus disert pour la bonne cause que pour la mauvaise. (*)

LXIII. Ce ne fut donc que dans la première moitié du XVIIIme. siècle que l'impiété devint réellement une puissance. On la voit d'abord s'étendre de toute part avec une activité inconcevable. Du palais à la cabane, elle se glisse partout, elle infeste tout. Elle a des chemins invisibles ; une action cachée mais infaillible, telle que l'observateur le plus attentif, témoin de l'effet, ne sait pas toujours découvrir les moyens. Par un prestige inconcevable elle se fait aimer de ceux mêmes dont elle est la plus mortelle ennemie ; et l'autorité qu'elle est sur le point d'immoler l'embrasse stupidement avant de recevoir le coup. Bientôt un simple système devient une association formelle, qui, par une

---

(*) Voyez, par exemple, avec quelle puissance de Logique il a combattu le matérialisme dans l'article Leucippe de son dictionnaire.

gradation rapide, se change en complot, et enfin, en une grande conjuration qui couvre l'Europe.

LXIV. Alors se montre pour la première fois ce caractère de l'impiété qui n'appartient qu'au XVIIIme. siècle. Ce n'est plus le ton froid de l'indifférence ; ou tout au plus, l'ironie maligne du septicisme ; c'est une haine mortelle ; c'est le ton de la colère et souvent de la rage. Les écrivains de cette époque, du moins les plus marquans, ne traitent plus le christianisme comme une erreur humaine sans conséquence ; ils le poursuivent comme un ennemi capital ; ils le combattent à outrance ; c'est une guerre à mort ; et ce qui paroîtroit incroyable, si nous n'en avions pas les tristes preuves sous les yeux, c'est que plusieurs de ces hommes qui s'appeloient *philosophes*, s'élevèrent de la haine du christianisme jusqu'à la haine personnelle contre son divin auteur. Ils haïrent réellement comme on peut haïr un ennemi vivant. Deux hommes surtout, qui seront à jamais couverts des anathêmes de la Postérité, se sont distingués par ce genre de scélératesse qui poroissoit bien au-dessus des forces de la nature humaine la plus dépravée.

LXV. Cependant l'Europe entière ayant été civilisée par le Christianisme, et les Ministres de cette religion ayant obtenu dans tous les pays une grande existence politique, les institutions civiles et religieuses s'étoient mêlées et comme amalgamées d'une manière surprenante ; en sorte qu'on pouvoit dire de tous les Etats de l'Europe, avec plus ou moins de vérité, ce que *Gibbon* a dit de la France, *que ce Royaume avoit été fait par des Evêques :* Il étoit donc inévitable que la Philosophie du siècle ne tardât pas de haïr les institutions sociales dont il ne lui étoit pas possible de séparer le principe religieux. C'est ce qui arriva : Tous les gouvernemens, tous les établissemens de l'Europe lui déplurent, *parce qu*'ils étoient chrétiens : et, *à mesure* qu'ils étoient chrétiens, un mal-aise d'opinion, un mécontentement universel s'empara de toutes les têtes. En France surtout la rage philosophique ne connut plus de bornes ; et bientôt une seule voix formidable se formant de tant de voix réunies, on l'entendit crier au milieu de la coupable Europe.

LXVI. « LAISSE-NOUS ! (*) Faudra-t-il » donc éternellement trembler devant des » Prêtres, et recevoir d'eux l'instruction » qu'il leur plaira de nous donner ? La » vérité, dans toute l'Europe, est cachée » par les fumées de l'encensoir ; il est » temps qu'elle sorte de ce nuage fatal. » Nous ne parlerons plus de Toi à nos » enfans ; c'est à eux, lorsqu'ils seront » hommes, à savoir, si tu es, et ce que » tu es, et ce que tu demandes d'eux. » Tout ce qui existe, nous déplaît, parce » que ton nom est écrit sur tout ce qui » existe. Nous voulons tout détruire et tout » refaire sans Toi. Sors de nos conseils ; » sors de nos académies ; sors de nos maisons : Nous saurons bien agir seuls ; la » raison nous suffit. *Laisse-nous.* »

(*) *Dixerunt Deo ;* RECEDE A NOBIS ! *Viam mandatorum tuorum nolumus.* (Job. XXI. 14.)

Comment Dieu a-t-il puni cet exécrable délire ? Il l'a puni comme il créa la lumière ; par une seule parole. Il a dit : FAITES ! — Et le monde politique a croulé.

Voilà donc comment les deux genres de démonstrations se réunissent pour frapper les yeux les moins clairvoyans. D'un côté, le principe religieux préside à toutes les créations politiques ; et de l'autre tout disparoît dès qu'il se retire.

LXVII. C'EST pour avoir fermé les yeux à ces grandes vérités que l'Europe est coupable ; et c'est parce qu'elle est coupable qu'elle souffre. Cependant, elle repousse encore la lumière, et méconnoît le bras qui la frappe. Bien peu d'hommes, parmi cette génération matérielle, sont en état de connoître la *date*, la *nature* et l'*énormité* de certains crimes commis par les individus, par les Nations, et par les Souverainetés ; moins encore de comprendre le genre d'expiation que ces crimes nécessitent, et le prodige adorable qui force le mal à nétoyer de ses propres mains la place que l'éternel architecte a déjà mesurée de l'œil pour ses merveilleuses constructions. Les hommes de ce siècle ont pris leur parti. *Ils se sont juré à eux-mêmes de regarder toujours à terre.* (*) Mais il seroit inutile, peut-être même dangereux, d'entrer dans de plus grands détails : Il nous est enjoint *de professer la vérité avec amour.* (**) Il faut de plus, en certaines occasions, ne la professer qu'avec respect; et, malgré toutes les précautions imaginables, le pas seroit glissant, pour l'écrivain même le plus calme et le mieux intentionné. Le monde d'ailleurs, renferme toujours une foule innombrable d'hommes si pervers, si profondément corrompus, que, s'ils pouvoient se douter de certaines choses, ils pourroient aussi redoubler de méchanceté et se rendre, pour ainsi dire, coupables comme des anges rébelles : Ah !

(*) *Occulos suos statuerunt declinare in Terram.* (Ps: XVI. 2.)

(**) Ἀληθεύοντες ἐν ἀγάπῃ. Ephes. IV. 15. Expression introduisible. La Vulgate aimant mieux, avec raison, parler juste que parler latin, a dit : *Facientes veritatem in amore.*

plutôt, que leur abrutissement se renforce encore, s'il est possible, afin qu'ils ne puissent pas même devenir coupables autant que des hommes peuvent l'être. L'aveuglement est sans doute un châtiment terrible; quelquefois cependant, il laisse encore apercevoir l'amour : c'est tout ce qu'il peut être utile de dire dans ce moment.

Mai 1809.

FIN.

www.ingramcontent.com/pod-product-compliance
Lightning Source LLC
LaVergne TN
LVHW050419160826
845677LV00002BA/430

* 9 7 8 2 0 1 3 0 3 3 7 5 6 *